KB046195

습관,
최고의 내가
되는 기술

초판 1쇄 발행 _ 2020년 9월 20일
초판 2쇄 발행 _ 2020년 9월 30일

지은이 _ 류희석

펴낸곳 _ 바이북스
펴낸이 _ 윤옥초
책임편집 _ 김태윤
책임디자인 _ 이민영

ISBN _ 979-11-5877-192-8 03190

등록 _ 2005. 7. 12 | 제 313-2005-000148호

서울시 영등포구 선유로49길 23 아이에스비즈타워2차 1005호
편집 02)333-0812 | 마케팅 02)333-9918 | 팩스 02)333-9960
이메일 postmaster@bybooks.co.kr
홈페이지 www.bybooks.co.kr

책값은 뒤표지에 있습니다.

책으로 아름다운 세상을 만듭니다. ― 바이북스

미래를 함께 꿈꿀 작가님의 참신한 아이디어나 원고를 기다립니다.
이메일로 접수한 원고는 검토 후 연락드리겠습니다.

성공을 꿈꾸는 평범한 당신이라면 꼭 알아야 할

습관,
최고의 내가
되는 기술

류희석 지음

바이북스
ByBooks

들어가는 말

'포기의 아이콘', 호기심 많고 재주도 많지만 진득하게 끝을 보지 못하는 사람. 그게 나였다. 정말 변하고 싶었다. '끝까지 해내는 사람'이 되기 위해 그 방법을 찾아 공부하고 실천했다. 하지만 그 과정에서 의지를 갖추고 어떤 행동을 끝까지 밀고 간다는 것이 원래부터 쉬운 일은 아니라는 것을 깨닫게 되었다. 사람은 본래 변화보다 안정과 편안함을 추구하는 존재이기 때문이다. 그럼에도 나는, 나처럼 평범한 사람이 어떻게 행동해서 변화와 원하는 성공을 이뤄낼 것인가에 대한 방법을 파헤치고 싶었다. 그 욕망의 결과가 이 책이다. 그렇게 알아낸 하나의 성공 비밀, 바로 '습관'이다.

사람들은 누구나 성공을 바란다. 하지만 성공은 결국 '비범한' 사람들이 차지한다. 만일 당신 자신이 '평범한' 사람이라는 생각이 들어도 실망할 것 없다. 여기서 비범함이란 타고나는 것이 아니라 만들어지는 비범함이다. 우리는 아침에 눈을 뜨면서부터 밤에 잠자리에 들기까지 수없이 많은 생각과 아이디어를 떠올린다. 하지만 또 수없이 많은 생각과 아이디어를 그냥 흘려보낸다. 매일의 정신 에너지를 행동 에너지로 바꾸어낼 수 있는 힘, 그것이 바로 비범함이다. 이 힘은 누구에게나 잠재되어 있다. 그러니 모든 사람이 다 성공할 수 없다 해도 누구에게나 성공의 가능성은 있는 것이다. 지금까지의 삶을 한번 돌아보자. 당신이 마음먹었던 수많은 결심을 만약 포기하지 않고 끝까지 행동으로 옮겼더라면 지금 어떤 모습으로 살고 있을 거라 생각하는가?

습관은 어떤 행동이 완전 자동화된 상태이다. 자동화라는 것은 의식하거나 애써 노력하지 않아도 알아서 굴러간다는 말이다. 성공한 사람들은 습관이라는 말(馬)에 올라 목표를 향해 변화의 순간까지 달려간 사람들이다. 습관의 엄청난 에너지를 제대로 이해하고 활용한 사람들이다. 다행히 습관은 타고난 특정 사람만이 행할 수 있는 전유물이 아니다. 습관은 누구나 쓸 수 있는 공개 소스다. 당신도 이 습관을 활용하는 기술을 이해하고, 삶에 적용해 부, 건강, 명예, 관계 등 무엇이든 원하는 것을 얻기 위해 도전할 수 있다. 당신에게 필요한 것은 자동차 운전을 배우는 것처럼 습관을 디자인하는 방법을 배우는 것이다.

시중에는 습관을 주제로 다루고 있는 책들이 있다. 특히 해외 저자들이 쓴 번역서가 눈에 많이 띄는데, 이 책들은 적지 않은 분량을 습관이 형성되고 지속하는 원리에 대해 증명하기 위해 뇌 과학과 심리학에 기반을 둔 다양한 연구 결과를 정리하여 서술하고 있다. 필자의 책에서도 다양한 이론을 소개하고 있다. 하지만 그보다는 우리나라 사람들의 정서와 환경 아래서 습관을 만들고 유지하는 실질적이고 구체적인 방법을 알리는 데 더 큰 비중을 두고 있다.

본 책은 크게 6장으로 구성되어 있다.

1장에서는 왜 우리가 마음먹은 행동을 끝까지 밀고 나가는 것이 '당연히 어려운가'에 대해 다뤘다. 우리의 뇌가 가지고 있는 특징을 설명하고 있으며, 이를 이해하게 되면 지금까지 번번이 결심을 이루지 못했던 원인과 이를 극복하기 위해 습관의 힘을 빌려야 하는 이유를 알게 될 것이다.

2장에서는 습관 형성에 있어 가장 크고 중요한 영향을 미치는 환경에 대해 살펴보고 있다. 인간은 절대적으로 환경에 지배를 받는다. 환경을 통해 나쁜 습관이 만들어지는 상황과 습관 만들기에 앞서 '나'를 둘러싼 외적 환경과 내면의 환경을 설정하는 방법을 이해할 수 있다.

3장에서는 습관을 활용해서 도달해야 하는 목표를 설정하는 방법을 다루고 있다. 달성할 수 없는 막연한 목표가 아닌, 달성할 수 있는 목표를 정하는 구체적인 방법과 이를 달성하기 위해 습관으로 만들어야 하는 행동을 선택하게 될 것이다.

4장은 행동을 습관으로 만드는 과정을 이야기한다. 습관을 만들기 위한 행동을 어떻게 시작해야 하는가에 관해 설명하고, 일상에서 시도해볼 수 있는 좋은 습관에 관한 사례도 소개하고 있다.

5장의 주제는 '어떻게 습관을 지속할 수 있는가'이다. 행동이 습관화될 때까지는 반드시 일정 시간이 필요하다. 습관 만들기는 반복적 행동을 놓고 벌이는 시간과의 싸움이다. 따라서 포기하지 않고 습관을 유지하는 방법을 제시하고 있다.

마지막 6장의 주제는 습관 만들기 과정, 그리고 습관이 완성된 이후에 찾아오는 위기의 극복 방법이다. 한 번 만들어진 습관은 없애는 것 또한 어렵다. 그래서 습관은 유연해야 한다.

습관 만들기는 삶에서 한 번은 배워야 하는 가장 중요한 기술이자 평생 써야 하는 도구이다. 부디 이 책이 말하고 있는 습관 디자인 방법을 차근차근 익히고 실천해 보기를 권한다. 그래서 당신이 꿈꾸는 삶을 이뤄내는 특별한 사람으로 행복을 누리기 바란다.

CHAPTER 1

왜 나는 실패할까?

CHAPTER

2

환경 점검 – 습관 디자인 1단계

왜 나는
실패할까?

①

뇌가 원하는 것을
생각하라

올해 어떤 결심을 했는가? 이번 달을 맞이하면서 그리고 또 오늘 아침은 무슨 결심으로 시작했는가? 다이어트, 돈 모으기, 여행 가기, 어학 공부 등은 사람들의 결심에 등장하는 단골 메뉴다. 목표 달성을 위해 결심하고 계획하는 과정은 반드시 필요하다. 그럼에도 왜 많은 사람들이 끝까지 밀고 나아가 결심을 원하는 결과로 바꿔내지 못하는 것일까?

미국 시장분석기관인 통계브레인 조사연구소(SBRI)가 발표한 자료에 따르면 새해 결심을 한 사람의 92%는 실패하고, 나머지 8%만이 그 결심을 계획대로 이뤄내는 것으로 나타났다. 결심을 이루어내는 일이 왜 이리 어려운 것일까? 지금부터 92%의 사람들이 결심에 실패할 수밖에 없는 이유를 뇌, 동기, 의지력이라는 3가지 관점에서 살펴볼 것이다.

뇌는 우리 몸에서 가장 중요한 역할을 하는 기관이다. 몸무게에서 대략 2% 정도를 차지하는 데 불과하지만 섭취하는 에너지의 25%를 쓴다. 호둣속 알맹이처럼 쭈글쭈글한 뇌 주름은 진화의 결과다. 인간의 뇌 주름은 뇌 주름이 있는 다른 동물, 예를 들어 침팬지보다 더 많다. 뇌 주름은 신경 세포들이 더 많은 정보를 더 빠르게 전달할 수 있도록 도와준다. 뇌의 빠른 작동 덕분에 일상생활에 많은 부분을 불편함 없이 처리하고 있다.

이를 위해 뇌는 반복적으로 해왔던 일상 행동을 의심 없이 받아들이고 계속하는 습성이 있다. 평소 첫째 칸 서랍에 넣어두던 물건을 어느 날 둘째 칸 서랍으로 옮기면 어떤 일이 일어나는가? 한동안은 첫째 칸 서랍을 무심코 열고 물건을 찾을 것이다. 스마트폰의 잠금 해제 패턴을 바꿔보면 어떨까? 분명 며칠 동안은 과거의 패턴을 입력하는 실수를 범할 것이다. 그런 자신의 모습에 답답함을 느낄 테지만 금방 고쳐지지 않을 것이다.

뇌는 정보를 처리하고 판단하고 반응하기 위해 신경망을 활용한다. 신경망은 신경세포와 신경세포 간 시냅스 연결로 구성되는데, 반복적으로 행동을 하게 되면 뇌는 그 행동을 더 중요하게 생각하고 이를 효율적으로 처리하기 위해 시냅스의 결합을 강하게 만든다. 시냅스의 결합이 강할수록 의식적 노력을 기울이지 않고도 빠르고 정확하게 일을 해낼 수 있다. 마치 전에는 혼자 하던 일을 수십 명이 달라붙어 일사불란하게 처리하는 능력을 갖추는 것과 같다.

심리학에 휴리스틱이란 용어가 있다. 휴리스틱이란 경험이나 직관으로 의사결정하는 방식을 말한다. 시간이나 정보가 충분하지 않아 합리적인 판단이 어려울 때 쓰는, 대충 짐작하는 기술이다.

잠시 생각해보자. 우리나라 사람 사망 원인 중에 질병과 사고의 비율이 각각 얼마나 될까? 통계자료에 따르면 남성은 88.8%가, 여성은 96%가 질병으로 사망하는 것으로 나타나 있다. 암, 뇌 질환, 심장 질환 같은 질병으로 사망하는 확률이 압도적으로 많다.

하지만 내 경험상 사람들은 해당 질문에 대해 사고로 인한 사망 확률을 30% 정도라고 대답한다. 왜일까? 매스컴을 통해 만나는 사망에 관한 뉴스에서 질병보다 사고사가 훨씬 많기 때문이다. 이런 반복 노출의 결과로 뇌는 사고로 죽는 비율이 꽤 높을 것이라고 짐작해 버리는 것이다. 이와 같이 휴리스틱은 저장된 과거 경험을 토대로 매우 빠르게 생각을 처리할 수 있다는 장점이 있지만, 한편으로 오류를 만들어내는 실수를 하기도 한다.

"서면 앉고 싶고, 앉으면 눕고 싶고, 누우면 자고 싶다"라는 말이 있다. 뇌의 특성을 아주 잘 표현한 말이다. 뇌는 고도로 정교한 기관인 동시에 에너지를 쓰는 데 극도의 효율성을 추구하는 기관이기 때문이다. 필자가 글을 쓰고 있는 지금 순간에도 뇌는 계속해서 에너지를 쓰지 말라는 메시지를 보내고 있다. 이제 겨우 5쪽인데 언제 100쪽을 쓸 거야? 이런 책을 쓴다고 해서 누가 봐 줄 것 같아? 쓸데없는 에너지 낭비하지 말고 그냥 소파에 누워서 TV나 보는 게 어때?

한편으로 뇌는 의심과 겁도 많다. 큰 결심일수록 마음속 두려움도 커진다. 이를 닦아야 한다고 생각할 때보다 중요한 시험에 꼭 합격하겠다고 마음먹을 때 그 두려움의 크기가 훨씬 크다. 뇌는 어떻게 두려움을 느끼는 것일까?

미국의 뇌 과학자인 폴 맥린(Paul Maclean)은 삼위일체 뇌 구조를 주장했다. 뇌의 가장 안쪽에는 뇌간이 있다. 뇌간은 '파충류의 뇌'라고 불리기도 하는데, 생명 유지 기능을 담당하고 있다. 호흡이나 심장을 뛰게 하는 것은 뇌간의 역할이다. 다음으로는 뇌의 중간 부분에 있는 중뇌다. 중뇌는 '포유류의 뇌'라고 불리며 정보를 전달하고 감정 기능도 한다. 원숭이나 고릴라 같은 포유류들이 흥분했을 때, 불안이나 공포를 느낄 때 얼굴의 표정이 일그러지거나 큰 소리를 내는 것도 이 중뇌가 발달했기 때문이다. 다음은 뇌의 가장 바깥쪽에서 나머지 뇌를 둘러싸고 있는 대뇌피질이다. 대뇌피질은 '이성의 뇌'라 불린다. 사고와 판단, 학습과 기억 등을 담당하는 중요한 뇌의 부위로 인간만이 가지고 있다. 이러한 뇌의 3층 구조들 사이에는 끊임없는 상호작용이 일어나고 있다.

두려움이 뇌에서 발생하는 메커니즘은 무엇일까? 전문가들은 두려움을 느끼게 되는 가장 큰 원인을 파충류의 뇌에 있는 편도체에서 찾고 있다. 하버드 의과대학 정신과 스리니바산 S. 필레이(Srinivasan S. Pillay) 교수는《두려움, 행복을 방해하는 뇌의 나쁜 습관》에서 두려움이 발생하는 메커니즘을 설명하고 있다.

광범위한 뇌 지도를 작성하는 연구를 수행한 과학자들은 두려움과 관련하여 두 가지 주요 경로가 존재한다는 사실을 확인했다. 먼저 편도체다. 예를 들어, 어떤 사람이 컴컴한 복도에서 둘둘 말린 밧줄을 본다면 무서워서 뒷걸음질 칠 것이다. 뇌가 그것을 뱀으로 인식하기 때문이다. 이 경우 정보는 시상(두려움을 최초로 감지하는 뇌 부위)에서 곧장 편도체로 이동하고, 그런 다음 그 사람의 몸에 '이 위험에서 빨리 벗어나라'는 지시를 내린다. 다음 경로는 피질이다. 시상은 편도체에 신호를 보낸 이후 곧바로 피질에도 메시지를 전달한다. 피질은 시각 정보를 처리하는 데 더 오랜 시간이 걸리지만 편도체보다 더 정확한 평가를 내린다. 복도에 있는 사물이 뱀이 아니라 밧줄이라는 것을 피질이 알아차리면, 편도체를 진정시키고 몸의 두려움 반응을 잠재운다.

이처럼 편도체는 외부로부터 가장 먼저 신호를 받는 뇌 부위로, 두려움이라는 경고를 우리 몸에 보낸다. 편도체는 낯선 사람이 집 앞을 기웃기웃할 때, 그 사람이 방문자인지 도둑인지 구별하지 않고 일단 짖어대고 보는 개와 같은 역할을 한다.

두려움은 결코 나쁜 감정이라고 볼 수 없다. 오히려 생존을 위해 반드시 필요하다. 두려움이 없다면 무모한 행동으로 여러 심각한 문제를 일으키게 될 것이다. 하지만 이러한 두려움의 감정이 어떤 것을 이루려고 결심할 때마다 사사건건 나타나서 멈춤 표지판을 들어

올린다면 어떻게 될까?

결심을 이뤄내기 위해서는 지금까지 살펴본 뇌의 특징을 이해할 필요가 있다. 뇌는 최대한 에너지를 보존하도록 또 생존을 위해 두려움에 민감하게 반응하도록 프로그램되어 있다. 만약 뇌의 에너지를 많이 쓰거나 두려운 감정을 유발하는 행동을 하기로 마음먹는다면 그 순간 뇌의 저항과 싸울 각오를 해야 한다. 이렇게 되면 그 행동은 실패할 확률이 높아진다는 것을 의미한다.

2

동기부여의
함정에 빠지다

목표를 이루려면 동기부여가 필요하다는 말을 한 번쯤은 들어보았을 것이다. '동기부여'는 사람을 움직일 수 있다는 매력으로 굵직한 학문 분야로 발전해왔다. 매슬로우 욕구 5단계 이론부터 맥그리거 X이론 Y이론, 허즈버그 2요인(동기-위생 요인)이론, 브룸의 선호-기대 이론 등은 모두 동기부여를 비중 있게 다룬다. 그만큼 개인이나 조직 차원에서 목표와 성과를 이루어내기 위해 동기부여의 중요성은 강조돼 왔다.

우선 동기부여는 '동기'와 '부여', 이 두 단어로 결합되어 있다. 즉 동기는 무언가로부터 부여된다는 의미이다. 비유하자면 아무리 좋은 자동차라도 시동을 켜야만 움직일 수 있는 상태가 되는 것과 같다. 자동차의 열쇠가 시동을 걸어주는 것처럼 무언가를 결심하고 해내기 위해서 동기부여가 필요하다. 하지만 시동을 켜는 것과 차가 움직이는 것은 전혀 다른 이야기다. 차가 목적지를 향해 제대로 굴러가기 위해서는 운전이라는 과정이 필요하다. 핸들을 돌리고 액셀러레이터와 브레이크를 번갈아 밟아야 하며, 방향 지시등을 켜고, 교통신호와 사이드미러에 쉴 새 없이 눈길을 줘야 한다. 동기부여는 단지 행동을 시작할 수 있는 마음을 만들어 주는 역할을 해줄 뿐이다.

세계적인 동기부여 전문가 브라이언 트레이시(Brian Tracy)는 한 강연에서 아침마다 자신에게 이렇게 외치라고 말했다.

"I Love myself. I Love myself(나는 나를 사랑한다)."

'자신감을 유지하기 위해 반복해서 이런 행동을 하지 않으면' 아무리 팽팽하게 바람을 집어넣은 풍선도 시간이 지나면 바람이 빠지듯 동기도 어느 순간 사라지기 때문이다.

동기는 마치 수도꼭지처럼 틀기만 하면 콸콸 쏟아지는 물과 같지 않다. 내가 원하는 때에 원하는 만큼 만들어낼 수 없다. 사람이 감정 상태가 늘 같지 않기 때문이다. 매일 아침 자신이 원하는 목표를 벽에 크게 써서 붙여 놓고 큰 소리로 읽고, 할 수 있다고 거듭 외치더라도 그 기운이 늘 충만하기는 어렵다. 회의 시간에 상사로부터 꾸지람을 듣는 순간 동기는 언제 있었냐는 듯 감쪽같이 사라져 버린다. 어제는 무엇이든 해낼 것 같았는데 오늘은 몸이 아파 꼼짝도 하기 싫어지기도 한다.

그런 면에서 전문가들은 동기부여가 오히려 노력에 독이 될 수 있다는 조언을 하기도 한다. 뭔가 해야 하는 이유를 찾아내야만 한다는 것은 반대로 이유가 없거나 그 이유를 찾아내지 못하면 안 할 수도 있다는 전제가 깔려 있다. 동기를 유지하기 위해서는 반드시 계속되는 자극이나 원하는 방향으로 변해가는 모습이 나타나야 한다. 하지만 세상의 모든 일이 뜻대로 굴러가지는 않는다. 계획대로 되지 않는 상황이 계속되면 심리적으로 위축이 될 수밖에 없다. 이렇게 되면 동기를 부여하는 일 자체에 대한 의심을 하게 되며, 한편으로는 상황을 극복할 수 있는 더 획기적이고 강력한 동기부여 기법을 찾아다니게 된다. 이런 상황에 이르면 동기부여 중독증에 걸린 삶을 살아가면서 시간을 허비할 수도 있다.

동기부여를 주제로 강연하는 연사 중에는 인생에서 매우 극적인 경험을 한 사람들이 꽤 있다. 큰 사고나 질병으로 죽음의 문턱을 다녀왔다거나, 사업 실패로 수차례나 자살을 마음먹을 정도의 삶의 고통을 겪은 사람들도 많다. 그들은 이러한 경험을 계기로 이전에 가졌던 삶을 바라보는 관점과 태도가 완전히 바뀌는 체험을 했다고 말한다. '남의 일이라고만 생각했던 죽음이 나에게도 일어날 수 있구나', '인생이 나를 벼랑 끝 극한까지 밀어낼 수 있구나'라는 것을 체험한 이후 삶의 목적을 다시 깨닫고 진정 변화한 삶을 살게 되었다고 한다. 그런데 삶의 모든 것을 송두리째 바꾸는 강렬한 체험은 누구에게나 찾아오는 평범한 것이 아니다. 또 그런 상황은 마음대로 만들어낼 수도 없다.

한편 이런 질문도 던질 수 있다. 극적이고 극단적인 경험이 우리의 삶을 반드시 올바른 곳으로 이끌어준다고 보장할 수 있을까? 이와 관련해서 의미 있는 자료가 있다. 암 생존자 3명 중 1명이 담배를 끊지 못한다는 통계다. 연세대학교 보건대학원 김희진·지선하 교수팀의 연구 결과에 의하면, 암 진단을 받은 생존자 가운데 남성의 33.5%, 여성의 2.5%가 여전히 흡연을 지속하는 것으로 나타났다. 특히 남성 암 생존자의 경우 50세 이하의 젊은 나이일수록 현재 흡연을 유지하는 경우가 많다고 한다.

암은 우리나라 사망 원인 1위 질병이다. 암 진단을 받는 그 순간 환자의 마음속에는 공포심과 함께 암을 극복하기 위해서는 무엇이든 하겠다는 절박한 결심이 자리 잡았을 것이다. 그렇게 좋아하던 담배를 끊어야 한다는 것도 당연하게 받아들였을 것이다. 그런데 시간이 지날수록 이 동기는 약해진다. 특히 50대 이상보다 50대 이하의 경우 흡연율이 더 높다는 것을 주목해야 한다. 50대가 넘어가면 건강에 대한 염려가 더 커져 담배를 피우지 말아야겠다는 동기가 상대적으로 더 유지되는 반면 50대 이하는 건강에 대한 과신이 높아 동기가 더 빨리 사라지는 것이다.

효과적으로 동기부여를 하기 위해서는 어떻게 해야 하는가? 이에 대한 답을 얻으려면, 자신이 어떤 유형의 동기부여에 잘 반응하는지 이해하는 것이 필요하다. 컬럼비아대학 동기과학센터에서 연구한 내용을 바탕으로《어떻게 의욕을 끌어낼 것인가》를 쓴 하이디 그랜트 할버슨(Heidi Grant Halvorson) 교수와 토리 히긴스(E. Tory Higgins) 교수는 인간을 움직이는 동기의 유형에 따라 2가지 형으로 나누어 설명하고 있다.

첫 번째 유형은 성취 지향형이다. 성취 지향형은 이익을 극대화하고 절대로 기회를 놓치지 않는 것을 중요하게 여긴다. 남보다 돋보이려는 욕망, 열망을 채우려는 욕망, 칭찬을 받고자 하는 욕망이 주도한다.

두 번째 유형은 안정 지향형이다. 안정 지향형은 손실을 최소화하고 안전과 보안을 유지한다. 또한 실수를 피하며, 의무와 책임을 다하고, 신뢰할 만하고 확고부동한 사람으로 비치고자 애쓴다. 이 두 가지 유형은 태어난 기질과 양육환경에 따라 결정된다고 한다.

인간은 누구나 즐거움과 행복을 추구하고 고통을 피하고 싶어 한다. 어떤 유형이 좋고, 어떤 유형이 나쁘다고 단정할 수는 없다. 그리고 하나의 유형으로만 동기부여가 되는 것은 더더욱 아니다. 다만 내가 무언가를 시작하는 동기를 얻고자 할 때 어떤 방식의 동기부여가 효과적인가를 이해하고 있는 것이 도움이 된다.

동기는 필요하다. 동기가 있어야만 상황을 변화시켜야겠다는 욕구가 발동한다. 나아가 행동을 하고 싶은 마음으로 발전한다. 하지만 결과를 만들어내는 모든 과정을 동기부여에만 의지할 수 없다. 동기는 풍선에서 바람이 빠져나가듯 환경이나 감정 등의 변화에 따라 수시로 변화하기 때문이다. 동기를 부여하는 행동만으로 무언가

를 이뤄낼 수 있다고 맹신하는 것은 어리석은 행동이다. 동기가 없
거나 부족해서 이룰 수 없다는 동기부여 만능주의적 생각에서 벗어
나야 한다.

의지력은
의지로 가질 수 없다

"어휴, 의지력이 약해서 뭘 하겠니? 그렇게 쉽게 포기하면 되겠어?"

어떤 일을 해내지 못했을 때 의지력에 관해 핀잔을 들었던 경험이 있을지 모르겠다. 의지력이란 여러 장애물로부터 유혹을 물리치고 자신이 원하는 행동을 하기 위해 자기를 통제하는 능력(self-control)을 말한다. 동기부여가 자동차에 시동을 거는 것이라면 의지력은 목적지까지 운전해 가는 힘에 비유할 수 있다. 무언가 해야겠다는 욕구를 불러일으키는 동기와 의지력이 결합하면 행동이 만들어진다.

혹시 스타벅스의 로고에 등장하는 여성의 이름을 아는가? 그 여인의 이름은 세이렌이다. 세이렌은 그리스 신화에 등장하는 인물로, 아름다운 여인의 얼굴에 독수리의 몸을 가진 괴물이다. 세이렌은 마력을 가지고 있다. 섬에 배가 가까이 다가오면 치명적 매력의 노랫

소리로 선원들을 유혹해 바다로 뛰어들어 죽게 만든다.

세이렌은 호메로스의 서사시 《오디세이》에도 등장한다. 트로이 전쟁을 승리로 이끈 영웅 오디세우스가 세이렌을 경계하는 장면이 나온다. 그는 전쟁을 마치고 고향으로 돌아오는 길에 세이렌의 유혹에 빠지지 않기 위해서 자신을 돛대에 단단히 묶게 한 후 어떤 일이 있어도 절대 자신을 풀어주지 말라고 명령했다. 그 덕분에 무사히 섬을 지나 고향으로 돌아올 수 있었다.

우리는 눈을 뜨는 순간부터 매 순간 세이렌의 노랫소리를 듣는다. 때로는 그 노랫소리에 이끌려 바다에 뛰어들기도 하고, 때로는 오디세우스처럼 의지력을 발휘해 유혹을 벗어나기도 한다.

의지력에 대해 이해하고 넘어가야 할 2가지 특징이 있다. 이 특징을 알고 나면 "의지력이 약해서"라는 말을 한 번쯤은 다시 생각하게 될 것이다.

첫 번째, 의지력은 태양 에너지와 같이 무한하지 않다는 점이다. 이를 증명한 사람이 있다. 사회심리학자인 로이 바우마이스터(Roy F. Baumeister) 교수다. 그는 의지력이 쓰면 쓸수록 줄어들기 때문에 마치 연료와 같다고 주장했고, 의지력 소진 현상을 무(radish) 실험을 통해 밝혀냈다.

실험은 다음과 같이 진행되었다. 먼저 실험에 참여할 사람들을 8시간 정도 굶게 했다. 그리고 방 하나에 모이게 한 다음 한 그룹에게는 잘 구워진 초콜릿 쿠키를 나눠주어 먹도록 했고, 다른 그룹에게 는 쿠키 대신 별맛 없는 무를 먹게 했다. 이후 두 그룹 모두에게 퍼 즐을 풀게 했다. 이 퍼즐은 정답이 없었는데, 이유는 단지 사람들이 얼마나 오래 의지력을 발휘하는가를 측정하기 위해 만들어진 문제 였기 때문이다.

실험의 결과 초콜릿 쿠키를 먹은 사람들은 평균 20분 동안 퍼즐 을 풀기 위해 시도한 반면, 무를 먹었던 사람들은 쿠키를 먹은 사람 들이 보낸 시간의 절반도 안 되는, 겨우 8분을 견뎌냈다. 왜일까? 무 를 먹은 사람들은 이미 의지력이 고갈된 상태였기 때문이다. 무를 먹은 사람들은 한 방에서 다른 그룹의 사람들이 먹고 있던 초콜릿 쿠키의 유혹을 참고 견디느라 의지력을 써버린 것이다.

자기 통제가 의지력을 떨어뜨린다는 것을 밝힌 다른 실험도 있 다. 이 실험에서는 사람들에게 비디오를 보여주었다. 단, 비디오의 화면 한쪽에 글자가 나타났다 사라지도록 했다. 피실험자 중 일부는 화면에 나타나는 글자를 무시하면서 영상에만 집중하라고 지시를 받았다. 그러자 이들은 비디오를 보는 동안 혈당이 급격히 떨어지는 현상을 보였다. 반면 글자를 무시하라는 지시를 받지 않은 사람들의 혈당은 거의 떨어지지 않았다.

번아웃 증후군이라는 말을 아는가? 번아웃 증후군은 일에 의욕 적으로 몰두하고 매달리던 사람이 극도의 신체적 정신적 피로감을 호소하며 무기력해지는 현상이다. 영화 〈기생충〉으로 국내는 물론 국제 영화제 시상식을 휩쓰는 기염을 토하면서 한국 영화사에 큰 획을 그은 봉준호 감독도 번아웃 증후군을 판정받았던 사실을 고백하기도 했다. 이와 같이 누구에게나 의지력만 가지고 행동을 지속하는 데는 분명 한계가 있다. 어떤 사람이든 인내를 거듭하면서 결국 의지력을 발휘할 수 있는 에너지를 다 소진하고 마는 것이다.

두 번째 특징은 의지력도 노력하면 근육처럼 용량을 키울 수 있다는 점이다.

한 분야나 행동에서 의지력을 발휘해 한계를 넘어본 사람은 다른 영역에서도 향상된 의지력을 발휘하는 것을 목격할 수 있다. 앞서 언급했던 로이 바우마이스터 교수는 한 연구에서 몇 주 동안 자세를 바르게 유지하도록 노력한 학생들이 그렇지 않은 학생들에 비해서 이후에도 자제력에 있어서 눈에 띄는 발달을 보였다는 결과를 발표했다. 유사하게 두 달간 에어로빅에 참여한 사람들이 이와 연관 없는 타 분야에서도 더 높은 의지력을 발휘한다는 사실을 확인했다.

필자의 생각에는 의지력만큼은 확실히 부모님 세대가 우리 세대보다 훨씬 높다고 생각된다. 한국전쟁, 그리고 전후 경제 건설의 힘든 시기를 지내온 부모님은 이런 말씀을 종종 하신다.

"내가 말이야 예전에는 이것보다 더한 일들도 견뎌내면서 했어. 이쯤은 아무것도 아니지. 요즘 젊은 사람들은 정말 좋은 세상에 사는 줄도 모르고……."

필자의 부모님 경우처럼, 의지력은 사람마다 처해온 환경 속에서 얼마나 의지력을 발휘해왔는가에 따라서 그 크기가 달라질 수 있다.

의지력을 잘 유지하고 발휘하기 위해서는 특히 신체 건강과 컨디션 관리가 중요하다. 피곤하고 지친 상태에서 의지력이라는 에너지가 잘 발휘되지 않기 때문이다. 많은 전문가들이 의지력을 키우기 위한 방법으로 꾸준한 운동과 적절한 포도당을 공급하는 올바른 식습관을 제안하고 있다.

당신이 만약 꾸준히 무언가 하지 못한다고 하더라도 그 원인을 의지박약이라고 단정 짓지 않기 바란다. 자학하는 것은 더더욱 금물이다. 의지력은 에너지이다. 당연히 소모되는 것이다. 그러나 노력이나 훈련에 따라서 충분히 증가시킬 수 있다는 것 또한 사실이다. 이를 똑똑히 이해하는 것이 필요하다. 그런 면에서 의지력은 극복의 대상이 아니라 관리의 대상이다.

지금까지 왜 우리의 92%가 결심을 끝까지 지키지 못하는가에 대한 이유를 뇌, 동기부여, 의지력의 3가지 측면에서 살펴보았다. 다시 한 번 정리해보자. 우선 뇌는 에너지를 낭비하지 않고 보존하는 방향으로 작동하며 생존을 위해 수시로 두려움이라는 브레이크를 거는 존재다. 이 때문에 뇌를 나의 결심에 대해 적극적으로 지지해 주고 움직여주는 긍정적인 조력자로 만들기 위해 어떤 방법이 필요하다. 동기부여는 무언가를 시작하는 욕구의 시동을 걸어주는 역할을 한다. 하지만 동기는 변함없이 유지되는 것이 아니라 신체나 감정의 상태 또는 외부 자극에 의해서 변화하며 사라지기도 한다. 의지력은 무한히 발휘되는 것이 아니라 고갈되는 에너지와 같고 또 노력에 따라 키울 수도 있는 특징이 있다.

　혹시 지금 무언가를 하기 위해 결심하려는 순간에 있는가? 그렇다면 뇌, 동기부여, 의지력에 관해 다시 한 번 철저히 점검하기 바란다.

성장을 부르는 정체성

뻔하지만 중요한 질문을 하나 해보자.

"왜 우리는 결심을 실행하고자 하는가?"

대답은 간단하다. 지금보다 더 나은 모습으로 좀 더 멋지게 살고 싶은 것이다. 그런데도 성장하겠다는 태도를 갖지 못하는 이유는 무엇일까? 세계적인 리더십 전문가 존 맥스웰(John Maxwell) 박사의 저서 《사람은 무엇으로 성장하는가》에서는 성장을 가로막는 8가지 그릇된 생각에 대해 소개한다. 그 내용을 살펴보면 다음과 같다.

성장을 가로막는 8가지 그릇된 생각

1. 추측의 장벽

성장은 저절로 이루어지는 것이기 때문에 세월이 지나면 저절로 더 나은 사람이 될 거라고 믿는 것이다. 하지만 그냥 시간만 지난다

고 저절로 나아지지 않는다. 성장을 위해서는 의도적으로 노력해야
한다.

2. 지식의 장벽

어떻게 성장해야 할지 모른다. 실패와 좌절을 경험하고 나서야
무언가를 깨닫는다. 역경을 겪으며 혼쭐이 나야만 교훈을 얻고 변화
하는 것인데, 차라리 의도적으로 성장을 위한 '계획'을 세우는 게 훨
씬 낫다.

3. 시간의 장벽

아직은 때가 아니라고 생각하는 것이다. 사람들은 의도성 체감의
법칙에 걸려든다. 의도성 체감의 법칙은 지금 해야 할 일을 미룰수
록 실천하지 않을 가능성이 커지는 것을 말한다. 지금 당장 성장을
시작해야 한다.

4. 실수의 장벽

실수하려고 하지 않았는데도 실수를 했을 때 스스로가 한심해 보
인다. 성장하고 싶다면 실수할지도 모른다는 두려움을 극복해야 한
다. 의도를 가지고 성장하려면 실수를 당연히 여기고, 실수를 할 때
마다 자기 자신이 올바른 방향으로 나아가고 있음을 알려주는 신호
로 받아들여야 한다.

5. 완벽의 장벽

완벽의 장벽은 실수의 장벽과 비슷하다. 이는 계획을 수행하기 전에 일단 최상의 방법부터 찾으려는 자세다. 최상의 방법은 일단 시작해야 발견할 수 있다.

6. 영감의 장벽

어떤 기분이나 느낌이 들어야 할 수 있다고 생각하는 것이다. 영감을 줄 수 있는 시간이나 돈, 경험이 있어야 시작할 수 있는 것은 아니다. 일단 시작하고 성장하면 계속 성장하도록 이끄는 중요한 이유가 생긴다.

7. 비교의 장벽

남과 비교하고 나보다 다른 사람들이 더 낫다고 생각하는 것이다. 나보다 모든 면에서 훌륭한 사람들을 만나면 비교가 되지 않는다. 하지만 그런 사람들과의 만남에서 무언가 배울 것이 생긴다.

8. 기대의 장벽

쉬운 줄 알았는데 막상 해보니 생각보다 어렵다고 느끼는 것이다. 성공한 사람들은 그 누구도 금방 성장해서 정상에 이를 수 있다고 생각하지 않는다.

성장을 바라는 당신은 자신도 깨닫지 못하는 이런 장벽 속에 갇

혀 있지 않은지 살펴볼 필요가 있다. 물론 하루아침에 이런 장벽을 깰 수는 없다. 에너지 구두쇠인 뇌가 이런 시도를 가만히 두고 보지는 않는다. 성장을 가로막는 장벽을 깨기 위해 우선해야 할 일은 무엇일까?

먼저 삶의 큰 방향을 잡아보는 것이다. 구체적으로 내가 어떤 모습이 되어 살아갈지에 대한 자아정체성을 갖는 것이다. 자아정체성은 사전에 '자신을 시간의 흐름에 따라서 본질적으로 불변하는 실체로 인식하는 개인의 느낌'이라고 정의되어 있다.

좀 어려운 개념이니 이해를 돕기 위해 일화를 하나 소개하겠다. 명품시계 하면 어떤 브랜드가 떠오르는가? 아마 롤렉스를 떠올렸을 것이다. 롤렉스의 2대 회장인 앙드레 하이니거에 대한 일화다. 창업자인 빌스드로프가 기술혁신을 통해 롤렉스의 초석을 만들었다면, 2대 CEO인 앙드레 하이니거는 '명품은 기계식 시계다'라는 신념으로 전자식 시계 트랜드와 타협하지 않고 지금의 롤렉스 명성을 만든 인물이다.

하루는 하이니거 회장이 친구와 식사를 하는데, 친구가 이런 질문을 했다.

"자네 요즘 시계 사업 어떤가?

하이니거 회장은 고개를 갸웃거리며 대답했다.

"시계? 글쎄, 난 잘 모르겠는데? 내 분야가 아니라서……."

친구는 그의 말에 어이없다는 표정으로 다시 물었다.

"아니, 세계 최고의 시계를 파는 자네가 모른다면 도대체 누가 안다는 말인가?"

그러자 하이니거 회장이 말했다.

"무슨 소리인가? 나는 보석 파는 사람이지 시계 파는 사람이 아니라네."

어떤가? 앙드레 하이니거는 롤렉스의 정체성을 시계가 아니라 보석으로 정의했다. 롤렉스가 정체성을 보석으로 정의했을 때 어떤 변화가 일어날까? 먼저 비즈니스에서의 경쟁 상대가 시계회사가 아니라 보석회사로 바뀔 것이다. 또한, 경쟁에서 이기기 위한 마케팅 방식이 달라질 것이고, 회사 내 조직 체계도 그에 맞춰 변화할 것이다. 이처럼 정체성은 행동과 태도, 그리고 결과까지 지배한다.

이순신 장군이 12척의 배를 가지고 백척간두의 위기에서 불가능의 승리를 이룬 것도 장군 스스로 '나라에 충성하는 군인'이라는 흔들림 없는 자아정체성이 있었기 때문에 가능하지 않았을까? 내가 어떤 사람이라는 자아정체성은 신념과 가치관을 만들어내고, 신념과 가치관은 능력을 만들어낸다. 능력은 행동을 불러오고, 행동은 미래의 운명을 바꾼다.

당신의 정체성은 무엇인가? 이에 대한 답은 누가 대신 정해 줄 수 있는 것이 아니다. 자신의 정체성은 스스로 정해야 한다. 정체성을 바탕으로 내가 나아가야 할 지향점을 굳건히 해야 한다. 정체성은 나침반의 N극과 같은 역할을 한다. 어느 상황에서나 자신의 갈 곳을 흔들림 없이 명확하게 알려준다. 자신이 누구인지, 그래서 해야 할 일이 무엇인가를 알지 못하고 산다면 자신의 가치를 최대한

발휘할 수 없다. 그것은 안타까운 일이다. 그러므로 정체성은 평생
을 두고서라도 찾을 만한 가치가 있다.

5

행복을 부르는
정체성

정체성은 변화의 뿌리와 같다. 가지도, 줄기도, 잎사귀도 모두 뿌리에서 비롯된다. 정체성이라는 뿌리는 가지, 줄기, 잎사귀라는 행동을 땅 위로 밀어 올린다. 즉 정체성이 정해지면 그에 따른 행동을 하게 된다.

제임스 클리어(James Clear)는 《아주 작은 습관의 힘》에서 정체성이 행동에 미치는 영향을 이렇게 설명했다. 연구에 따르면, 사람들은 자신이 어떤 유형의 사람이라고 믿는다면 그 믿음과 일치하는 방향으로 행동하는 경향이 있다고 한다. 예를 들어 '투표하는 사람'이라고 믿으면 단순히 '투표'라는 행위를 해야겠다고 생각하는 사람보다 더 많이 투표하는 경향이 있다. 자신의 정체성에 '운동하는 사람'을 집어넣은 사람은 일부러 운동해야겠다고 결심하지 않는다. 자신의 정체성에 맞는 일은 실행하기 쉽다. 그래서 행동과 정체성이 완전히 조화를 이루면 더는 행동 변화를 추구하지 않아도 된다. 이미 스스로 그렇다고 믿는 유형의 사람처럼 행동하기만 하면 된다.

당신이 하는 행동은 당신이 누구인가를, 어떤 유형의 사람인지를 보여준다. 부정적 자아정체성을 가질 수도 있고, 긍정적 자아정체성을 가질 수도 있다. 그것은 선택에 달려 있다. 어떤 자아정체성이든 그에 따라 행동하게 되고, 결국 그 모습으로 삶은 변화해 간다.

한번 생각해보라. 당신이 해야 할 행동은 무엇인가? 어떤 행동을 할 때 마음속에 저항감이 없는가? 이런 질문은 매우 중요하다. 행동 과정과 결과가 자존감에 영향을 미치기 때문이다. 뭔가 부자연스럽고 마음속에서 '이건 아니다'라는 느낌이 드는 행동을 하면서 자존감이 높아지기를 기대할 수 없다.

삶이 정말 행복했던 순간은 언제였는가? 어떤 감정을 느꼈을 때 가슴을 두드려주면서 자신을 격려했는가? 아마도 남들의 인정과 칭찬을 받았을 때보다는 내가 하는 행동이 정체성과 일치하는 결과로 나타났을 때가 아닐까 싶다. 삶은 자신의 정체성을 행동으로 나타내면서 스스로 증명해가는 과정이다. 이 과정에서 자존감이 높아지고 행복을 경험하게 되는 것이다.

오랜만에 공백기를 깨고 드라마에 복귀한 모 배우는 인터뷰에서 작품 활동이 없는 동안 자존감이 많이 떨어졌었다고 고백했다. 인기를 한 몸에 받는 유명 배우라 할지라도 대중의 인정과 사랑보다 연기하는 사람이라는 정체성에 맞는 행동을 하지 못했기에 자존감이 떨어졌던 것이다.

만약 '나는 건강한 사람이다'라는 정체성을 가지고 있다 치자. 밤에 야식을 먹을 때 불편한 마음이 들 것이다. 그런데도 계속해서 야식을 먹는다면 나는 건강한 사람이라는 마음은 어느새 사라질 것이고, 나는 '인내력이 부족한 사람이다'라는 정체성이 그 자리를 대신할 것이다. 만약 밤에 먹고 싶은 마음이 들더라도 방울토마토 몇 개, 견과류 한 줌을 먹는 것으로 폭식의 유혹에서 벗어났다면 자신의 정체성에 부합하는 행동을 했다는 만족감에 자존감이 높아질 것이다. 나아가 다음번에 비슷한 유혹이 왔을 때 이겨낼 가능성도 커진다.

이제 정말 이 책에서 가장 중요한 메시지를 이야기하려고 한다. 뇌, 동기, 의지력을 언급한 것도, 정체성을 가져야 하는 이유에 관해 설명한 것도 결국 '행동'을 실행하기 위한 것이었다. 쇼펜하우어는 "인생은 다 같은 재료로 만들어져 있다"라고 말했다. 누군가는 애초부터 더 많은 양의 재료를 가지고 시작할 수도 있다. 하지만 내가 갖지 못한 것에 대해 아쉬워하고 남 탓하면서 보내는 시간은 인생의 낭비일 뿐이다. 할 수 있는 행동을 통해 내가 어떤 사람이라는 것을 자신과 세상에 보여주면서 한 번뿐인 인생을 멋진 작품으로 만들어가야 한다.

아래 표에 나의 정체성과 정체성에 부합하는 행동을 적어보자. 당신이 아무 제약 없이 무엇이든 될 수 있다고 한다면 나는 어떤 사람이었으면 하는지, 그리고 그것을 증명하려면 어떤 행동을 반복적으로 할 것인지 상상력에 제약을 두지 말고 적어보기 바란다.

나는 어떤 사람이었으면 하는가?		
어떤 행동을 하는가?	1	
	2	
	3	

펜을 들고 막상 적으려고 하니 혹시 약간의 두려움 또는 귀찮은 감정이 느껴지는가? 그렇다면 당신의 변화하고자 하는 시도에 뇌가 경고 메시지를 보낸 것으로 생각해라. 만일 뇌에서 어떤 저항도 발생하지 않았다면 별 진심 없이 적은 것일 수도 있다. 불편함이나 두려움은 변화를 시도하고 있다는 것을 느끼게 하는 '변화 탐지기' 역할을 하니, 좋은 방향으로 가고 있다고 믿어보길 바란다.

6

절차기억,
행동을 결정하는 45%

결심을 달성하는 데 있어 알아야 하는 원리가 있다. 이 원리를 따르게 된다면 당신은 좀 더 쉽게 결심을 행동화할 수 있다. 자동차를 운전하는 사람 대부분은 자동차가 어떤 원리로 달리게 되는지 잘 알지 못한다. 물론 그럴 필요도 없다고 생각한다. 하지만 자동차에 대한 구조와 작동 방식을 알게 된다면 기름도 절약할 수 있고, 부품 수명도 늘리면서 운전을 좀 더 재미있게 할 수 있을 것이다. 아는 만큼 보이고 보이는 만큼 행동할 수 있다.

자전거는 한 번 배워두면 평생 탈 수 있다. 10년 만에도 탈 수 있는 게 자전거다. 어떤 사람은 친구와 이야기를 하면서 자판을 보지 않고 휴대전화 문자나 카톡을 보낸다. 이와 같이 마치 몸이 알아서 움직이는 것처럼 행동하게 되는 원리는 무엇일까? 바로 기억이다.

우리가 보통 기억이라고 하면 어떤 정보를 머릿속에 외워서 집어넣는다는 이미지가 떠오를 것이다. 기억이란 다양한 정보가 학습을 통해서 뇌에 입력되고, 필요할 때 그 정보를 다시 꺼낼 수 있는 정신 기능이다. 마치 컴퓨터 하드디스크에 파일을 저장해 놓았다가 필요할 때 불러오는 것과 비슷하다. 치매를 왜 무서운 질병이라고 할까? 치매는 어떤 이유로 뇌의 기억 기능이 사라지는 질병이다. 기억해 내지 못한다면 점점 할 수 있는 행동이 줄어든다. 심지어는 대소변을 보는 일도 어려워지는데, 이것 역시 기억을 사용할 수 있기에 가능한 일이다. 기억이 없다면 생존할 수 없다.

실제 뇌에서 기억하는 방식은 매우 복잡하다. 기억은 크게 단기 기억과 장기기억으로 나뉜다. 아침에 먹은 음식이나 출근 시간 엘리베이터에서 인사를 나눈 사람의 이름을 떠올릴 수 있는 것은 단기 기억의 역할이다. 단기기억은 대개 몇 시간에서 며칠 정도가 지나면 머릿속에서 사라진다. 그런데 단기기억 중 일부는 장기기억으로 전환된다. 2000년도 노벨 생리의학상을 수상한 에릭 캔들(Eric Richard Kandel) 교수는 단기기억이 장기기억으로 바뀔 때 뇌세포에서 회로를 만드는 유전자 스위치가 켜져 새로운 신경 회로망이 만들어지는 것을 발견했다.

그렇다면 단기기억 중 어떤 기억이 장기기억으로 넘어갈까? 크게 3가지로 알려져 있다. 먼저 강렬한 인상이다. 거리를 지나가다 수백 명의 사람이 스쳐갈 때, 유독 아름답거나 잘생긴 이성을 보았다면 그 얼굴은 쉽게 잊히지 않는다. 도로를 지나가다가 참혹한 교통사고 현장을 목격했을 때도 마찬가지다. 두고두고 생각난다. 다음으로는 중요하다는 인식이다. 수업 시간에 선생님이 이번 시험에 출제할 거라고 강조한 부분은 더 오래 기억된다. 마지막으로는 반복이다. 기억을 위해 의도적으로 반복한 내용은 기억 속에 더 오래 남게 된다.

장기기억은 다시 서술기억과 비서술기억으로 나누어진다. 서술기억은 말로 표현할 수 있는 기억으로, 에피소드(일화)기억과 의미기억으로 분류된다. 에피소드기억은 추억기억 또는 사건기억이라고도 할 수 있는데, 지난달 동창회 모임이나 몇 년 전 함께했던 가족 해외여행 추억을 떠올리는 일 등을 생각하면 된다. 의미기억은 일반적인 지식에 대한 기억을 의미한다. 특정한 단어의 뜻, 역사적인 사실, 회사생활에서 배운 업무 등에 대한 지식을 말한다.

반면 비서술기억은 서술기억과는 달리 의식적으로 접근하기 불가능하고 말로 표현할 수 없는 종류의 기억이다. 심리학자 래리 스콰이어(Larry Squire)는 이 비서술기억의 종류에 대해 절차기억, 점화, 조건화, 비연합적 기억으로 분류했다.

그렇다면 한 번 배우면 평생 잊어버리지 않는 자전거 타기나 수영, 핸드폰의 키보드를 보지 않고도 카톡이나 문자를 자유롭게 보낼 수 있는 능력은 어디서 나오는 것일까? 바로 비서술기억의 한 종류인 절차기억이다. 절차기억의 가장 큰 장점은 우리 의식을 방해하지 않는다는 점이다. 의식하지 않는다는 것은 무언가를 하기 위해 뇌의 에너지를 애써 사용하지 않는다는 뜻이기도 하다. 따라서 절차기억을 쓴다는 것은 행동을 위한 고통스러운 노력을 하지 않아도 된다는 것을 말한다.

우리가 결심을 이루기 위해서는 바로 이 절차기억을 활용해야 한다. 절차기억은 계속해서 반복되는 행동을 통해서 만들어진다. 뇌는 좋은 행동과 나쁜 행동을 구별하지 않는다. 그저 계속해서 반복적으로 일어나는 행동을 중요한 행동이라고 생각하고 장기기억에 넘겨 무의식에서 처리하는 목록에 등록하게 된다. 그렇게 되면 절차기억은 복잡한 행동을 자동으로 움직여준다. 마치 내가 가게 하나를 차린 뒤 똑똑한 매니저를 한 명 고용했는데, 큰 신경을 쓰지 않아도 나 대신 매니저가 사업장을 잘 운영해서 때마다 통장에 돈이 들어오는 것과 비슷한 상태가 되는 것이다. 이러한 절차기억을 우리는 습관이라고 부른다.

듀크 대학 연구 결과에 따르면 우리가 하는 행동의 45%는 습관이라고 한다. 습관이 당신의 행동을 결정해왔고, 행동이 자존감에 영향을 미쳤고, 지금의 당신 모습을 만든 장본인이다. 따라서 우리는 좋은 의도의 행동을 반복해서 절차기억으로 보내놓기만 한다면 45%의 성공확률을 얻게 되는 것이다. 결과에 대한 성공확률을 45%나 보장받을 수 있다면 정말 대단하지 않은가?

습관은 결코 단순하거나 따분하지 않다. 오히려 삶을 훨씬 더 다양하고 다채롭게 살 수 있는 기회를 준다. 습관을 갖는다는 것은 삶에 자동화 시스템을 장착하는 것과 같다. 만약 수작업으로 온갖 잡다한 일을 처리해야 하는 공장에서 물건을 만들어내야 한다고 생각해보라. 이것저것 신경을 쓰느라 온종일 정신이 없고 바쁠 것이다. 일정의 투자가 필요하겠지만 공장을 자동화 설비로 바꿔 놓는다면 단지 스위치를 켜는 동작만으로 제품을 자동으로 생산할 수 있게 된다. 그러면 기계에 매달려 있지 않아도 영업이나 마케팅과 같은 생산적인 일에 더 많은 시간을 쓸 수 있게 된다.

습관은 삶의 자유를 누릴 기회를 더 확대해준다. 습관 없는 생활이 오히려 삶의 자유를 제약한다. 인간관계를 유지하기 위한 좋은 습관을 갖지 못했다면 인간관계에서 오는 스트레스로 보이지 않는 시간과 비용을 더 지출해야 할 수 있다. 건강이나 경제적인 문제를 일일이 뇌와 의지의 에너지를 쓰면서 해결하다 보면 삶은 고달파지고, 시간 부족으로 늘 쫓기는 시간을 살게 된다. 습관은 절차를 고민하지 않고 바로 행동으로 돌입할 수 있게 해주어 시간의 효율성을 극대화해준다.

결심을 성취하는 비밀은 기억이다. 그중에서도 몸이 기억하게 하는 절차기억이다. 절차기억을 활용하는 습관이야말로 뇌, 동기, 의지력의 영향을 최소화하면서 삶의 고속도로를 달릴 수 있는 열쇠다.

7

비범한 사람이
되는 법

'나는 왜 지금까지 성공하지 못했을까?'

지금까지 글을 읽으면서 그 이유를 생각해보았는지 모르겠다. 이유는 자명하다. 뇌를 믿지 말되 활용해야 한다. 동기를 통해 욕구를 자극해야 하지만 동기에만 지속해서 의존할 수 있는 것이 아니다. 의지력도 무한정하지 않기 때문에 관리해가며 써야 한다. 무엇보다 내가 누구인지, 무엇을 원하고, 원하는 대로 가기 위해 어떤 행동을 해야 하는지를 생각해야 한다.

비범한 사람은 행동으로 실행하는 사람이다. "천 리 길도 한 걸음부터"라는 속담이 있다. 성공에 대해 이만한 진리가 없다. 하지만 이 속담대로 사는 사람이 얼마나 될까? 한 걸음 떼기도 전에 천 리 길을 떠올리면 가슴이 턱 막힌다. 천 리 길이 가고자 하는 목표라면 한 걸음을 떼는 것은 행동이다. 많은 사람들이 무언가를 해보겠노라 큰소리치며 목표를 세운다. 그다음에는 그 목표에 스스로 압도당하고 뇌의 방해와 의지력의 고갈로 중간에 손을 들어버린다. 그 후 밀려오는 자책감으로 자학하며 낮은 자존감 상태로 살아가는 평범한 삶을 반복하게 된다.

열심히 살을 빼서 몸무게를 20kg 감량한다는 목표를 세우면 20kg이라는 숫자는 잊어버려야 한다. 20kg을 줄이겠다는 목표보다 당장 해야 할 행동에 초점을 맞춰야 한다. 비범한 사람들은 목표에 시선을 두지 않는다. 천 리 길보다는 한 걸음에 집중한다. 수영 황제 마이클 펠프스에게 어떤 생각을 하면서 수영을 하는지 물었을 때 그는 이렇게 답했다.

"오늘이 무슨 요일인지 몰라요. 날짜도 모르고요. 전 그냥 수영만 해요."

세계적인 피겨스케이팅 스타 김연아도 운동 전에 무슨 생각을 하면서 스트레칭하느냐는 질문에 이런 대답을 꺼냈다.

"무슨 생각을 해요? 그냥 하는 거죠."

단순하다. 그저 해야 할 행동을 반복하는 것, 이것이 비범함의 비결이다.

물론 펠프스는 체격조건을, 김연아는 유연성을 타고났을 수도 있으며, 그들이 그 천부적 조건을 십분 활용할 수 있는 분야를 선택한 것은 정말 잘한 일이다. 하지만 그렇게 선천적으로 좋은 유전자를 가지고 있다 하더라도 모두 성공하는 것은 아니다. 또한 펠프스나 김연아가 보통 사람들보다 엄청난 의지력이나 두뇌, 동기를 가지고 있다고 볼 수 있을까? 꼭 그렇지는 않다고 본다. 처음에는 한번 해보고 싶다는 동기와 의지력으로 운동을 시작했겠지만 이후 과정에서 절차기억을 활용해 습관화되고 자동화될 때까지 포기하지 않고 계속했기 때문이라고 생각한다. 그것이 스포츠 역사에 기억되는 성공을 거둘 수 있는 힘이었을 것이다.

행복해서 웃는 것이 아니라 반대로 웃어서 행복하다는 말이 있다. 뇌는 현실과 실제를 구분하지 못한다. 내가 웃고 있으면 이게 정말 좋아서 웃는 것이라고 착각을 하고 좋은 감정의 상태를 만들어낸다. 귀찮은 마음을 이겨내고 헬스클럽에 가서 덤벨을 들고 운동을 하고 나면 몸의 변화된 모습을 보게 된다. 변화된 모습을 보는 순간 더 하고 싶은 욕구가 생긴다. 행동은 긍정적 변화를 만들고, 긍정적 변화는 동기를 자극하며 의지력을 향상시킨다.

너무 조급해하지 말자. 세상 모든 일에 공짜는 없다. 새로운 것을 얻기 위해서는 돈이나 시간을 들여야 한다. 사람이 무언가를 완전히 학습하는 데 4단계를 거친다.

첫째는 '무의식/무능력' 단계다. 하고 싶은 것도 없고 할 수 있는 능력도 없는 상태다.

두 번째 '의식/무능력' 단계다. 하고 싶은 것이 생겼지만, 능력이 없는 단계다.

다음으로는 '의식/능력' 단계다. 하기 위한 능력이 만들어졌지만, 여전히 의식적인 주의를 기울여야 해낼 수 있는 단계다.

마지막으로는 '무의식/능력' 단계다. 의식을 쓰지 않고도 능력을 발휘할 수 있는 단계다.

　필자가 수영을 배운 경험을 떠올려 보면 이렇다. 처음에는 수영을 배워야겠다는 생각도 없었고, 수영을 잘 할 줄도 몰랐다(무의식/무능력). 그러다가 건강을 위해 운동을 해야겠다고 생각했고, 한 번 배워놓으면 평생 가는 운동이 수영이라고 생각해서 선택했다(의식/무능력). 그래서 수영을 등록하고는 한동안 열심히 수영하는 법을 배웠다. 조금씩 실력이 늘긴 했지만, 여전히 팔 동작, 발차기, 호흡을 하나하나 신경을 써야 제대로 나아갈 수 있는 과정을 겪었다(의식/능력). 그러던 어느 날 갑자기 변화의 순간이 찾아왔다. 전에는 하나하나 신경 써야 했던 동작들이 한순간에 마치 예전부터 그래왔던 것처럼 신경 쓰지 않아도 자연스럽게 이루어지는 경험을 했다(무의식/능력). 이렇게 될 때까지 대략 5개월 정도의 시간이 걸렸다.

　지금은 한동안 전혀 수영을 하지 않더라도 물속에 들어가 몸을 움직여 보면 금세 유연한 수영 동작이 나온다. 수영장에 빠지지 않고 다녔던 것밖에 없다. 그냥 다닌 것이다. 다니다 보니 남들만큼 하게 되고, 남들만큼 하게 되니 자존감도 높아졌다. 한 번도 해보지 않은 일을 처음부터 잘하고 재미를 느끼는 경우는 드물다. 학습의 4번째 단계인 '무의식/능력' 상태까지 도달해야 한다. 4단계는 비로소 나만의 것을 창조할 수 있는 단계다. 이 단계에 도달해야 진짜 즐거움을 경험할 수 있다. 자신의 정체성을 정하고 그 정체성을 증명해내는 행동을 어떻게 '그냥 할까'에 집중하는 것이다.

누구나 자신에게 맞는 결심을 이루고 목표를 충분히 달성할 수 있다. 달성해야 할 목표에 초점을 맞추기보다 단지 행동하겠다는 대가를 치르겠다고 마음먹자. 누군가는 인생을 마라톤이라고 한다. 하지만 필자의 생각은 좀 다르다. 인생은 마라톤이라기보다는 100m 달리기의 연속이라고 생각한다. 행동을 통해 습관을 만들고 습관이 내 삶을 리드할 수 있도록 만들어야 한다. 그다음 새로운 행동을 통해 또 다른 습관을 만들어내서 삶을 리드하는 선순환이 이루어져야 한다. 100m 달리기하듯 전력 질주해서 좋은 습관을 하나하나 완성해가는 것이다. 그러다 보면 당신의 인생이 어느 순간 원하는 궤도를 타고 달리는 모습을 발견하게 될 것이다.

다시 한 번 말하지만 반복된 행동을 통해 장기기억, 절차기억 속에 새겨야 한다. 절차기억에 새긴다는 말은 바꿔 말하면 뇌 속에 신경회로가 만들어진다는 것이다. 계속해서 사용하는 시냅스 회로는 활성화되고 강화되나, 쓰지 않는 회로는 없어지게 된다. 즉, 장기기억은 특수한 물질의 형태로 존재하는 것이 아니라 두꺼워진 시냅스 부위에 흔적으로 새겨져 오랫동안 존재하는 것이다. 바로 이것이 당신이 벗어나고 싶은 평범한 9할에서 되고 싶은 비범한 1할이 되는 비밀이다. 사소한 것을 소홀히 하는 사람은 절대 비범해질 수 없다. 절차기억, 습관의 힘을 믿고 그냥 하는 거다. 영감과 아이디어는 그냥 하는 과정에서 당신에게 찾아올 것이다.

CHAPTER 2

환경 점검

습관 디자인 1단계

1

습관,
이렇게 하면 실패한다

지금부터 '그냥 하는' 방법인 습관을 어떻게 만드는가에 대해 본격적으로 이야기할 것이다. 티핑포인트(Tipping point)라는 말이 있다. 이는 사회학 용어인데, 말콤 그레드웰(Malcolm Gladwell)이 쓴 책 제목으로 더 유명해졌다. 티핑포인트는 어떤 현상이 아주 미미하게 일어나다가 어느 순간이 되면 모든 것이 전면적으로 변하는 극적인 순간을 뜻한다. 1970년대 미국 동북부 도시에 살던 백인들이 어떤 이유에서인지 다른 지역으로 줄줄이 이탈하는 현상이 발생했다. 이를 흥미롭게 지켜보던 사회학자들은 이 과정에서 어떤 사실을 발견했다. 한 지역에 전입해 오는 흑인들의 수가 그 지역 인구의 5%를 넘으면 그곳에 살던 백인들이 한순간에 떠나버리는 것이다. 사회학자들은 이런 급격한 전환이 일어나는 시점을 티핑포인트라 불렀다.

당신은 삶에서 티핑포인트를 경험한 적이 있는가? 물론이다. 당신이 걸을 수 있다면 이미 티핑포인트를 확실히 경험한 것이다. 아기가 태어나서 스스로 걷기까지는 평균 2,000번 정도 넘어진다. 2,000번의 행동 뒤에 비로소 네 발이 아니라 두 발로 걷게 되는 엄청난 변화의 티핑포인트를 경험하는 것이다. 돌도 석공이 두들기는 한 번의 망치질로 깨지지 않는다. 그 전에 미세한 균열을 계속해서 만들어내는 수십 번 망치질의 힘이 누적되어 어느 순간 단단한 돌이 두 개로 쪼개지는 것이다.

세상과 남을 바꾸려고 노력하는 사람은 많지만 정작 자신을 바꾸려는 사람은 많지 않다. 지금과 다른 삶을 살겠다고 결심하는 터닝포인트를 잡았다 해서 삶이 달라지지 않는다. 오로지 변화를 일으키는 티핑포인트까지 지속할 수 있는 힘이 필요하다. 이를 위해 습관의 힘을 사용해야 한다.

물론 좋은 습관을 갖기가 쉽지는 않다. 처음에 한두 번은 의욕적으로 시작할 수 있어도 꾸준히 행동을 지속하기는 어렵다. 어떤 특정한 상황이 벌어지면 몸에 뿌리박혀 있는 나쁜 습관이 툭하고 나와버리기 때문이다.

2019년 12월 《파이낸셜뉴스》에 음주 습관을 소개한 기사가 있다. 뉴질랜드 연구팀이 50대 이상 성인 남녀 800명을 대상으로 어린 시절, 가정생활, 건강, 인간관계, 음주 습관 등 인생 전반에 걸쳐 데이터를 종합 분석할 결과 음주 습관은 대개 20대에 형성되어 60~70대까지 이어지는 것으로 나타났다. 이들은 대부분 평생 처음에 배운 음주 습관을 유지했다. 연구진은 젊었을 때 얻은 위험한 술버릇이

나이가 들어서 차차 없어질 것이라는 생각은 잘못된 것이라면서 처음 술을 접할 때 애초 이런 음주를 시작하지 못하게 해야 한다고 설명했다.

습관은 한 번 만들어지면 쉽게 바꾸기 어렵다. 통제할 수 있는 의식이 아니라 통제할 수 없는 무의식에서 작동하기 때문이다. 예능 프로그램에서 한 작곡가가 한 말이 생각이 난다. 음반을 녹음하기에 앞서 "진짜 제대로 해야 돼. 한 번 녹음하면 평생 가는 거야."라고 했다.

왜 우리는 좋은 습관 만들기에 실패하는 걸까? 많은 사람들이 습관의 중요성은 다 알고 있다고 말한다. 필자 생각에는 오히려 너무 잘 알고 있어서 소홀히 하는 것은 아닐까 싶다. 마치 오래 사귄 연인 사이처럼 말이다. 서로에 대해 너무 잘 알고 있다고 생각하지만 둘은 성격도 너무 다른 데다 여전히 각자에 대해 이해하지 못하는 부분이 많아서 사사건건 부딪치고 헤어질 구실만 찾고 있는데 말이다. 아는 것과 행동하는 것은 완전히 별개의 문제다.

습관을 만드는 데 실패하는 이유는 크게 다섯 가지 정도 꼽을 수 있다.

첫째, 환경을 제대로 만들지 못해서다. 어떤 동기를 가지고 시작하는 것도 중요하지만 그 이후 해낼 수밖에 없는 환경이 갖추어지는 것이 중요하다. 술을 끊기로 한 사람의 냉장고가 칸칸이 맥주로 채워져 있다면 어떨까? 아침에 일찍 일어나기로 한 사람의 방에 두 꺼운 암막 커튼이 쳐져 있다면 어떨까? 집중하는 습관을 들이기로 한 사람이 스마트폰 알림이 수시로 울리도록 설정이 되어 있다면? 이런 환경이 습관 만들기의 실패를 불러온다.

둘째, 구체적인 목표가 없기 때문이다. 특히 목표를 설정하는 방법을 잘 모르고 있어서 구체적인 목표를 세우지 못하는 경우가 많다. 자신이 정체성에 따라 이루고 싶은 목표를 갖는다는 것, 그 목표를 이뤄보고 싶다는 열망의 에너지를 갖는 것이 중요하다. 그러나 목표에 대한 열망과 별개로 실행 가능한 목표를 설정하는 방법이 필요하다. 어떤 행동을 해야 하는지 명료화된 목표와 행동이 도출되어야 이를 달성하는 올바른 습관을 만들 수 있다.

셋째, 습관화할 수 있는 수준의 행동을 만들지 못해서다. 행동을 실천할 때에는 뇌가 하겠다고 받아들이는 것이 중요하다. 뇌가 에너지를 덜 써도 할 수 있는 일이라고 달래가면서 시작해야 한다는 뜻이다. 느닷없이 뇌에 무리한 행동을 명령하면 뇌는 반드시 두려움이나 불안감이라는 거부 반응을 나타낸다. 처음에는 뇌가 받아들일 수 있는 수준의 행동을 정해야 한다.

넷째, 재미가 없어서다. 목표를 이루려고 행동하는 이유는 변화를 원해서다. 하지만 모든 변화는 일정한 시간이 필요하다. 반복을 통해 뇌에 새로운 신경 회로망이 형성될 때까지 지속할 수 있어야 한다. 연구 결과에 따라 차이는 있지만, 최소 2~3개월의 지속 시간이 필요하다. 이 지루한 시간을 보내기 위해서는 재미가 있어야 한다. 재미는 보상과도 연관이 깊다. 적절한 보상은 흥미를 유지시킨다. 흥미가 떨어지면 뇌는 더 이상 해보려고 하는 관심을 기울이지 않는다.

마지막으로 위기관리 능력 부족이다. 위기 발생의 이유 중 하나는 빨리 이루고 싶은 조급함이다. 무리하게 여러 개의 습관을 한꺼번에 만들려고 하면 실패한다. 또 맹목적 습관 만들기도 있다. 습관을 만들어가는 동안 계속해야 하는 이유가 무엇인지, 제대로 가고 있는지에 대해 중간중간 점검하는 과정이 필요하다. 습관이 목표에 도움이 되지 않고 있다고 판단되면 빠르게 태세 전환을 해야 한다. 나를 둘러싼 상황과 환경은 늘 변화하게 되어 있다. 위기에 대응할 수 있는 선택과 집중 그리고 유연한 마인드가 있어야 한다.

지금까지 살펴본 5가지 실패 원인을 다루는 방법을 알고 있다면 당신은 습관을 활용해 원하는 목표를 이뤄나갈 수 있을 것이다.

2

습관은 어떻게
만들어지는가?

인간의 학습과 습관화는 오랜 연구 대상이었다. 이에 대한 이론적 주장은 크게 행동주의와 인지주의로 나뉜다. 존 왓슨(John Broadus Watson)으로부터 시작된 행동주의는 심리학이 행동에 대한 객관적 데이터에만 관심을 가져야 한다고 주장했다. 특히 행동주의 심리학에 가장 큰 영향을 미친 스키너(Burrhus Frederick Skinner)는 실험심리학 방법에 따라 인간 행동의 일반적인 법칙과 원리를 찾고자 했다.

스키너는 '스키너의 상자'라는 도구를 설계해 동물들을 대상으로 원하는 행동을 하게 만들 수 있을지에 대해 실험하고 연구했다. 실험 자체는 간단했다. 상자 안에 쥐를 넣고 쥐가 레버를 누를 때마다 먹이가 나오도록 한 것이다. 쥐는 레버를 누르면 먹이가 나온다는 것을 알게 되고, 먹이가 나온다는 것을 알게 되면 계속해서 레버를 누른다. 여기서 쥐의 반복적 행동을 유발하는 먹이를 강화물이라고 한다. 강화는 정적 강화와 부정적 강화로 나누어진다. 정적 강화는 즐거움을 느끼게 하는 자극이고, 부정적 강화는 바람직하지 않은 자극을 줄이거나 없게 해주어 반응을 강하게 하는 것이다. 스키너는 이 실험을 통해 인간은 자극에 반응하고, 그 결과로 주어지는 보상이나 처벌을 통해 행동이 반복되고 습관화된다고 주장했다.

그런데 1950년대 들어 행동주의에 대한 반론이 생겨나기 시작했다. 인간의 행동이 단순히 외적인 자극에 의한 반응과 보상이라는 학습 과정으로는 설명할 수 없다고 주장하는 사람들이 나타났는데, 이 주장을 인지주의라고 한다.

인지주의는 인간 내부에서 일어나는 복잡한 인지 과정과 학습 과정에 주목했다. 인지란 자극을 받아 저장하고 이를 인출하는 하나의 정신적 과정인데, 행동에 대한 객관적 데이터를 중시하는 행동주의자들이 설명할 수 없었던 영역이다. 인지주의는 행동주의가 주장하는 보상에 대한 강화가 없어도 주변에서 일어나는 현상을 학습하고, 이를 통해 얻은 지식을 의사결정에 활용한다고 주장했다.

본래 행동주의자였지만 인지주의적 접근을 시도한 미국 심리학자 에드워드 톨먼(Edward C. Tolman)은 실험을 통해 이를 증명하고자 했다. 톨먼 역시 쥐를 대상으로 미로 찾기 실험을 했는데, 우선 쥐를 세 그룹으로 나눴다. 첫 번째 그룹의 쥐들은 미로의 출구를 찾아내면 반드시 먹이를 먹을 수 있게 했다. 두 번째 그룹의 쥐들은 출구를 찾더라도 아무런 보상도 주지 않았고, 세 번째 그룹의 쥐들에게는 앞선 두 방식을 함께 적용했는데, 처음 10일은 탈출을 해도 아무런 보상을 주지 않다가 11일째 됐을 때부터 보상을 주기 시작했다.

실험 결과 즉각적 보상을 받은 첫 번째 그룹의 쥐들은 예상대로 출구를 찾아내는 데 걸리는 시간이 매우 줄어들었다. 며칠 후에도 미로에 있으면 바로 출구로 달려갔다. 반면 두 번째 쥐들은 미로 학습을 반복해도 출구를 찾는 데까지 시간이 오래 걸렸다. 그런데 특이한 행동을 보인 것은 세 번째 그룹의 쥐들이었다. 이 쥐들은 보상을 주지 않았던 처음 10일간은 두 번째 그룹과 마찬가지로 출구를 찾는 데 시간이 오래 걸리는 모습을 보였다. 하지만 11일째부터 보상을 받자마자 첫 번째 그룹의 쥐들처럼 빠른 속도로 미로를 탈출하기 시작했다.

보상을 받지 못했던 쥐들이 보상을 받자마자 첫 번째 그룹의 쥐들처럼 빠르게 미로를 탈출하는 것은 행동주의적 관점에서는 설명할 수 없는 부분이었다. 톨먼은 이 실험을 통해 쥐들이 평소 보상을 받지 못하는 상황에서도 미로를 살피고 구조를 학습하면서 머릿속에 자신만의 인지적 지도를 그린다고 주장했다.

지금까지 살펴본 행동주의와 인지주의는 각각 인간의 학습과 습관이 만들어지는 과정을 완벽하게 설명하는 데 한계가 있다. 두 이론을 함께 고려해 습관이 만들어지는 과정을 이해하는 것이 바람직하다고 생각한다.

예를 들어 SNS를 하는 습관을 갖게 되는 과정을 생각해보자. 그냥 가만히 있다가 어느 날 갑자기 SNS를 하겠다는 마음이 불쑥 들지는 않는다. 반드시 어떤 자극이 필요하다. 가령 인터넷에서 SNS

에 대한 정보를 접하거나, SNS를 하는 친구를 만나 이야기를 듣게 되는 등의 자극을 경험한다. 그렇게 되면 호기심이 발동해 SNS에 접속해 팔로우 신청도 하고 사진이나 글을 올려본다. 올린 글에 대한 '좋아요'와 댓글과 같은 반응으로 보상을 얻는다. 호기심으로 시작했지만, 보상을 통해 나를 남들에게 알리고 또 자랑하고 싶은 욕구가 유지된다. 이를 통해 반복적으로 SNS를 하게 된다. 여기까지는 행동주의적 관점의 습관 형성 과정과 비슷하다. 하지만 다른 사람들로부터 '좋아요'라는 보상을 어떻게 하면 더 얻을 수 있을까를 생각하면서 글쓰기, 매력적인 사진 찍기, 반응 좋은 태그를 붙이는 방법 등을 배우고 써보는 행동을 하는 것은 단순히 자극에 반응하는 행동주의가 아니라 인지주의적 관점이라고 볼 수 있다.

지금까지 자극과 보상에 따라 행동과 습관이 만들어진다는 행동주의적 관점과 인간의 능동적인 학습 능력이라는 인지주의적 이론을 바탕으로 행동이 습관으로 만들어지는 과정을 살펴보았다. 이를 통해 습관의 형성에 대해 몇 가지 이해하고 넘어갈 포인트가 있다.

첫째, 행동은 환경으로부터 오는 자극으로부터 촉발된다. 따라서 주변 환경을 나와의 상호작용 관점에서 바라봐야 한다. 내 주변에 어떤 자극들이 존재하는지 또 그 자극이 어떤 행동을 유발하는지에 대해 평소 유심히 관찰할 필요가 있다. 환경이 주고 있는 끊임없는 자극에 반응해 어떤 행동을 하는가에 주의를 기울이지 않으면 나도 모르는 사이에 원치 않는 습관을 갖게 될 가능성이 크다. 말하자면 생각하는 대로 사는 게 아니라 사는 대로 생각하게 되는 것이다.

둘째, 습관을 만들기 위해 의식적인 노력이 필요하다. 이는 공장을 자동화시키더라도 제품의 설계도를 제대로 그리지 않으면 좋은 물건이 생산될 수 없는 것에 비유할 수 있다.

셋째, 보상이다. 행동이 습관으로 자리 잡기 위해서는 일정한 시간이 소요된다. 보상은 습관이 정착될 때까지 반복해야 하는 행동의 연결고리 역할을 한다. 보상의 종류는 크게 내재적 보상과 외재적 보상으로 나눌 수 있다. 내재적 보상은 스스로 느끼는 성취감, 안정감 등을 말하고 외재적 보상은 금전이나 타인으로부터의 칭찬 등을 말한다. 자신에게 어떤 형태의 보상이 더 효과적일까를 고려해 행동에 대한 보상을 설계할 필요가 있다.

3

먼저 환경을 주목하라

건강한 식생활을 하기로 결심했는데, 주방 찬장에는 라면이나 스팸, 냉장고에는 만두, 피자 등의 냉동식품이 가득 차 있다. 운동 가기로 마음먹었는데, 빨래를 미뤄 둔 덕분에 당장 입고 갈 운동복이 없다. 담배를 끊기로 했는데, 옆에 있는 동료는 매시간 담배를 피우고 와서 냄새를 풍긴다. 인간의 의지력은 나약하고, 유혹에 쉽게 넘어간다. 습관에 있어 가장 중요한 것은 환경이다. 환경은 어떻게 사람의 습관을 바꾸는 것일까?

사람들이 구글을 부러워하는 것 중 하나가 임직원들에게 무료로 제공되는 질 좋은 식사다. '구글 15'라는 말이 있을 정도인데, 구글에서 일하면 몸무게가 15파운드(약 7kg)나 늘어난다는 의미다. 구글이 처음 무료 식사 제공을 시작한 것은 직원들의 건강이나 끼니 해결이 목적이 아니었다. 구글 창업자 래리 페이지가 직원들 간에 가벼운 대화를 나누는 중에 새로운 아이디어가 촉발된다는 것에 영감을 얻어 좀 더 활발히 교류할 수 있는 환경을 만들면 좋겠다는 것이 그 이유였다.

하지만, 무료 식사는 결과적으로 임직원들의 건강에 큰 영향을 준다는 사실을 알게 되었다.《노컷뉴스》2020년 2월 22일자 기사에는 이러한 인식 이후에 구글의 변화 사례가 소개되었다. 구글은 건강을 유지할 수 있도록 하는 새로운 밥 제공 프로그램을 시작했다. 메뉴뿐만 아니라 제공하는 방식에도 변화를 주었다. 이용자들이 고기나 디저트의 크기를 줄이고, 탄산음료나 초콜릿 같은 단 음식 대신 물과 과일을 더 많이 먹을 수 있도록 환경을 디자인했다.

우선 접시 크기를 줄였다. 보통 접시의 지름이 30cm인 데 비해 구글이 제공하는 접시는 25cm로 더 작다. 음식 진열대 동선에 맞춰 채소류를 눈에 잘 띄는 곳에 가져다 놓고, 고기류나 디저트류는 가장 뒤쪽에 배치해 접시 빈 공간이 줄어들게 해서 덜 담아갈 수 있게 하였다. 또한 과일이나 스파클링 워터를 콜라와 같은 탄산음료보다 선택하기 쉽게 배치했다.

이런 변화의 중심에는 구글의 글로벌 푸드 프로그램 책임자인 마이클 바커(Michael Barker)가 있었다. 바커는 초기에 건강에 도움 되는 음식을 더 먹게 하기 위해 맛을 좋게 하는 방법을 고민했지만 결국 맛으로 식습관을 바꾸는 것은 어렵다는 결론을 내렸다. 과일이 몸에 아무리 좋아도 옆에 달달한 초콜릿이 눈에 보인다면 사람의 뇌는 더 자극적인 초콜릿을 선택하기 때문이다.

바커는 다른 방법으로 음식을 제공하는 환경을 변화시키기 시작했다. 구글은 '마이크로 주방'이라 불리는 휴게실에 무료 음료와 스낵류를 제공하는데, 커피 메이커 바로 옆에 쿠키나 스낵을 비치했다. 미국 소비자연구협회(ACR)가 발표한 정신적으로 피곤한 상태에 있거나 배가 고픈 경우는 몸에 좋은 과일보다 스낵류를 선택할 가능성이 더 크다는 연구 결과에 착안한 바커는 약 2m였던 커피 메이커와 스낵 바구니의 거리를 5m로 늘이는 실험을 했다. 거리가 늘어나자 커피가 내려지는 동안 스낵을 담아오는 직원이 남성은 23%, 여성은 17% 감소한 것으로 나타났다.

이러한 실험 결과를 바탕으로 바커는 마이크로 주방을 전체적으로 개조했다. 초코볼과 같은 스낵류는 커피 메이커와 가장 멀리 떨어진 서랍 속에 배치해 눈에 보이지 않게 했고, 대신 커피 메이커 가까이 신선한 과일을 가져다 놓았다. 탄산음료 역시 냉장고 하단에 보관했고, 상단에는 생수나 당근 스틱, 요거트 등을 배치했다. 인터뷰에서 구글 직원들은 탄산음료가 어디에 있는지 모르는 것은 아니지만 새로운 환경에 익숙해지다 보니 자연스럽게 찾지 않게 되었다고 말했다.

필자의 지인 중에 프로급 실력을 갖춘 아마추어 골퍼가 있다. 정기적으로 골프채를 한두 개씩 바꾼다. 왜 돈을 들여 골프채를 바꾸냐는 질문에 골프채를 사면 그 골프채를 쳐보고 싶어 연습장으로 가는 횟수가 늘어나게 되고, 그럼 적어도 스코어를 유지할 수 있지 않겠냐고 말했다. 뇌는 늘 접하는 진부한 환경보다는 새로운 환경에 반응한다는 사실을 알기 때문에 스스로 동기를 만드는 방법으로 골프채를 바꾸는 전략을 쓰는 것이다.

이처럼 어떤 행동을 시작하거나 변화시키고 싶다면 의지력보다 먼저 주목해야 할 것은 환경이다. 나를 둘러싸고 있는 주변 환경이 나에게 어떤 영향을 미치고 있는지 파악할 필요가 있다.

중요한 두 가지 환경이 있다. 눈에 보이는 '시각적 환경'과 나를 둘러싸고 있는 '사람'이라는 환경이다.

시각적 환경은 가장 많은 자극을 준다. 눈에는 외부의 자극을 받아들이는 감각 수용체의 70%가량이 집중되어 있다. 하루 평균 보고 기억하는 이미지의 양이 1만 개가 넘는다. 그만큼 정신 활동에 많은 영향을 주는 감각이기도 하다. 다른 기관에 비해 훨씬 민감하다. '견물생심'이라는 말이 있다. 보는 것이 욕구를 발동시킨다는 뜻이다. 시각적 환경의 중요성을 이해했다면 시각적 자극의 영향을 통제하는 방법은 의외로 간단하다. 필요한 것은 더 많이 눈에 띄게 하고, 불필요한 것은 눈에 보이지 않게 만들면 된다.

다음으로는 사람 환경이다. 당신이 만나는 주변 사람이다. 하버드대학에서 연구한 인간관계를 다룬 책 《행복은 전염된다》에 소개된 연구 결과에 따르면, '당신의 친구'가 비만해지면 앞으로 2~4년간 당신의 체중이 늘어날 가능성이 45%나 증가한다고 한다. 게다가 '당신의 친구의 친구가 비만'해지면 당신의 체중이 증가할 확률은 우연히 체중이 늘어날 확률보다 여전히 10% 더 높다. 또한 1단계에 있는 사람이 행복할 경우 내가 행복할 확률은 15% 높아진다. 2단계에 있는 사람의 행복 확산 효과는 10%, 3단계는 6%로 줄어들지만 여전히 행복 확산 효과가 있다. 4단계에 이르러서야 이 효과는 사라진다.

그만큼 내가 관계를 맺고 있는 사람이 습관 형성에 큰 영향을 미친다는 것이다. 그러므로 내 주변의 사람 환경을 돌아봐야 한다. "뭘 그렇게 고민해, 대충해, 좋은 게 좋은 거야"라는 친구의 선의 어린 말이 나에게 힘을 줄 수도 있지만, 한편으로는 내 무의식 속에 나를 그저 그런 결정과 행동을 하는 사람으로 각인시킬 수도 있다는 사실을 명심해야 한다.

좋은 환경을 만들기 위해서는 주변을 가끔 새로운 눈으로 살펴야 한다. 환경정리는 학창 시절에만 필요한 게 아니다. 환경정리는 어른이 될수록 더 중요하다. 환경은 좋은 습관이 자랄 수 있는 토양의 역할을 하기 때문이다.

4

잘 풀리는 사람의 비밀

습관을 만드는 데 외적인 환경의 중요성을 이해했다면 이제 내가 어떤 외부 환경에 의해서 자극을 받고 있는지, 그리고 그 자극이 어떤 습관을 만들어냈는지를 알아낼 차례다. 이를 위해 먼저 언급해야 할 중요한 개념이 있다.

독설 캐릭터로 유명한 고든 램지는 영국을 대표하는 세계적 셰프다. 2017년 한국을 방문한 그는 〈냉장고를 부탁해〉라는 예능 프로그램에 출연한 적이 있다. 이 프로그램의 하이라이트는 제한된 15분 동안 펼쳐지는 요리 대결이었다. 그날의 상대는 중식의 대가 이연복 셰프였다. 완벽 이미지 그 자체였던 고든 램지도 촉박한 시간과 낯선 조리 환경 탓인지 치명적 실수를 했다. 중요한 재료인 프라이팬에 구운 밥을 접시로 옮기는 도중에 가스레인지 위로 떨어뜨리고 만 것이다. 세계적인 셰프의 자존심이 바닥으로 떨어질 찰나 그의 입에서 튀어나온 말이 있다.

"Don't Panic(당황하지 마라)!"

치명적 실수의 순간 고든 램지가 발휘한 것은 바로 '메타인지'였다. 메타인지를 발휘한 그는 침착하게 사태를 수습해 대결의 승리를 가져갔다.

고든 램지를 위기에서 구해낸 메타인지는 과연 무엇일까? 메타인지란 'meta(초월, 상위)'+'cognition(인지)'의 단어가 조합된 말이다. 미국 발달 심리학자 존 H 플라벨(John H. Flavell)에 의해 만들어진 용어다. 이것은 자신을 또 하나의 자신으로 바라보며 통제할 수 있는 능력이다. 높은 산에 올라 멀리 있는 도시를 바라보는 것처럼 스스로를 다른 위치에서 객관적으로 바라보는 힘이다. 메타인지 능력이 좋은 사람들은 전전두엽 피질 부위에 회백질이 더 많이 발달한 것으로 밝혀졌다. 이는 더 고차원적인 인지와 계획이 가능하다는 것을 의미하며, 인간만이 가지고 있는 특유의 능력이기도 하다.

메타인지 능력이 높은 사람은 잘하고 있는 일과 잘못 하는 일을 객관적으로 판단할 수 있다. 이를 통해 잘하는 부분은 더욱 발전시킬 전략을 세우고, 못하는 부분은 어떻게 수정할 수 있을까에 대한 방법을 찾아내 실행한다. 반면 메타인지를 활용하지 못하는 사람들은 자신을 객관적으로 보지 못해 잘하고 있는 일과 못하고 있는 일을 구분해내는 능력이 낮다. 그러다 보니 같은 시간 노력해도 효과적이지 못하다.

메타인지는 삶의 성취에 중요한 영향을 미친다. 한 연구에서는 공부를 잘하는 상위권 학생들이 메타인지를 더 잘 활용하는 것으로 나타났다. 공부 성적이 좋지 않은 학생들은 그저 수업을 듣거나 책을 보는 시간을 보내는 것만으로 본인이 공부하고 있다고 생각한다. 반면 성적이 우수한 학생의 경우 내가 무엇을 알고 무엇을 모르는지를 파악하는 메타인지를 활용해 부족한 부분 중심으로 지식을 채워나가는 방법으로 공부하기 때문에 효율과 성과가 모두 높게 나타난다.

매일 시간이 없다고 허둥대는 사람이 있다. 그렇게 느끼는 데는 실제 여러 가지 이유가 있을 수 있다. 이걸 바꾸려면 어떻게 해야 할까? 가장 좋은 방법은 카메라를 활용해 24시간의 활동을 녹화해보는 것이다. 녹화한 것을 돌려보면서 스스로의 행동을 관찰하는 것이다. 그러고 나면 행동할 때는 잘 몰랐지만, '내가 저 상황에서 왜 저렇게 했지?', '그런 말이나 행동을 하면 안 되는데? 앞으로는 그러지 말아야지' 하는 생각이 들 만큼 객관적으로 자신을 바라볼 수 있다. 이런 시간이 있다면 행동을 수정하고 상황을 더 개선해 나아갈 기회를 가질 수 있을 것이다.

하지만 내가 하는 모든 행동을 카메라로 촬영한다는 것은 현실적으로 불가능하다. 일상의 행동에 대해 카메라 촬영을 대신하는 것이 바로 메타인지다. 메타인지는 우선 시간이 없어서 허둥댄다는 사실을 아는 것, 그리고 다음으로는 왜 허둥대는지 가장 큰 이유를 스스로에게 묻는 것이다. 만약 자신의 행동을 돌이켜보고서, 시간이 부족한 이유가 물건을 찾는 데 많은 시간을 허비하기 때문이라는 사실을 알았다고 치자. 그때부터는 '물건을 쓰면 제자리에 놓는 습관이 있어야 시간이 없어서 허둥대는 상황을 극복할 수 있겠구나' 하고 해결을 위한 행동을 생각해낼 수 있다. 이처럼 메타인지를 활용해 자신의 행동을 제삼자의 시각으로 객관화하게 되면 기존에 생각하지 못했던 새로운 방법을 찾아낼 가능성이 커진다.

　전문가들은 메타인지 능력이 IQ처럼 고정된 것이 아니라 노력이나 훈련에 따라서 개선할 수 있다고 말한다. 메타인지를 높이는 데 도움을 주는 방법들이 있다.

　우선 지난 시간을 돌이켜보는 자아 성찰의 시간을 갖는 것이다. 특히 명상은 좋은 방법이다. 몇 년 전부터 구글에서는 SIY(너의 내면을 검색하라, search inside yourself)라고 불리는 명상 기법을 개발해 전 직원에게 교육하고 있다. 구글뿐만 아니라 세계적 기업들이 명상 프로그램을 도입하는 데는 그 이유가 있다. 명상을 하면 뇌에서 세타파가 나오는데, 세타파는 창의성, 직관, 통찰력 등을 높여 업무 생산성 향상에 기여한다. 이처럼 명상은 단순히 머릿속을 맑게 하고 마음을 편하게 하는 효과만 있는 것이 아니다.

　또 다른 방법은 언어화이다. 즉, 말로 표현하거나 글로 써보는 것이다. 우리의 지식은 2가지로 나뉜다. 알고 있지만 말로 표현할 수 없는 지식과 알고 있는 것을 말로 표현할 수 있는 지식이다. 어떤 지식이 진짜 지식일까? 내가 설명할 수 없는 지식이라면 제대로 안다고 말할 수 없다. 그렇다면 어떻게 해야 진짜 지식을 만들 수 있을까? 어렵지 않다. 가령 요즘 정신없이 사는 것 같다는 생각이 들면 정신이 없는 이유를 말로 표현해보는 것이다.

"나 요즘 왜 이렇게 정신없니?"

이런 질문을 스스로 던지는 행위만으로도 현재에 몰입된 상태에서 살짝 벗어나서 자신을 객관적으로 바라볼 수 있게 된다.

더 좋은 방법은 말보다 글로 써보는 것이다. 어떤 셀프리더십 교육에서는 죽음을 앞두었다고 상상하면서 유서를 써보게 한다. 유서쓰기는 지금까지 살아온 모습을 돌아보며 자신의 행동을 반성함으로써 앞으로 어떻게 살아가야 하는가를 생각하고 다짐해 볼 수 있는 기회를 준다. 쓴다는 것은 생각의 시각화를 의미한다. 시각화되면 지금하는 생각이나 감정 상태를 구체적이고 객관적으로 이해하는 데 도움이 된다. 글쓰기는 자기 내면과의 구체적인 소통 과정이다. 이것이 글쓰기의 장점이다. 글쓰기를 통해 자신에게 질문과 답을 하면서 행동과 생각을 다양한 관점에서 볼 수 있는 시야를 얻을 수 있다.

그리스의 철학자 소크라테스는 "너 자신을 알라"고 말했다. 이말의 진정한 의미는 '나는 내가 모른다는 사실을 안다'이다. 스스로무지한 존재라는 사실을 깨닫는 것을 통해 모르거나 착각하고 있는점을 발견하고 부족한 것들을 찾아 발전시키라는 뜻이지 않을까? 좋은 습관을 갖기 위해서는 내가 어떤 환경 속에서 무슨 행동을 해왔는지 그리고 그 결과로 어떤 습관을 지니고 살아가는지를 점검하는 메타인지를 활용할 수 있어야 한다.

5

습관 들여다보기

습관은 환경으로부터의 자극에서 만들어졌다고 말했다. 앞서 이야기한 메타인지를 통해 지금 당신의 습관을 살펴보자. 좋은 습관도 있을 것이고 나쁜 습관도 있을 것이다. 당신의 습관은 언제 나타나는가? 어떤 자극을 받으면 그런 습관이 나타나는가? 습관에 따라 나타나는 구체적인 행동은 무엇인가?

필자는 대학 입학 후에 담배를 배웠다. 흠모하던 과 선배가 담배를 피웠는데, 그 모습이 그렇게 멋있어 보일 수가 없었다. 선배에 대한 동경심으로 1학년 기말고사 때 처음 담배를 배웠다. 매캐한 연기가 목구멍을 넘어갈 때 기침도 하고, 순간 머리가 핑 도는 경험을 할 때는 기분이 유쾌하지 않았다. 하지만 그 선배의 담배 피우는 멋진 모습을 따라 하고 싶은 마음에 포기할 수 없었다. 그러다가 나르시시즘에 빠지게 되었다. 내가 담배 피우는 모습이 스스로도 꽤 멋있다는 착각이 들었다. 어느 날 선배는 담배를 피우는 나를 보고 이렇게 말했다.

"오, 너도 담배 피워? 어른 됐네."

그런 말을 듣고 나니 선배와 함께한다는 느낌에 기분이 좋았다. 그런 선배의 칭찬, 그리고 함께 담배를 자주 피우는 시간을 통해 흡연 습관은 점점 굳어져 갔다.

흡연 습관의 과정

습관	자극	반응	보상
담배 피우기	좋아하던 선배의 담배 피우는 모습	담배 피우면서 선배 따라 하기	멋있다는 느낌, 선배와의 유대감

필자에게는 작지만 아주 유용한 습관 하나가 있다. 택시에서 내릴 때 항상 앉았던 자리를 살피는 습관이다. 강사 활동으로 전국을 다니다 보니 대중교통 이용이 잦은데 특히 택시를 많이 탄다. 강의 시간에 쫓기고 성격도 덜렁대는 편이라 택시에 지갑, 핸드폰 등을 여러 번 놓고 내려 애를 먹었고, 잃어버린 우산은 수도 없다. 그러다 보니 택시에 물건 놓고 내리는 것이 어느 순간 스트레스가 되어버렸다. 그러던 어느 날 역에서 우연히 역무원이 하는 행동이 눈에 띄었다. 플랫폼에 서서 기차가 출발하기 전에 팔로 좌우를 가리키며 승객들이 기차에 다 올랐는지를 확인하는 모습을 본 것이다. 그 순간 하나의 생각이 머릿속에 떠올랐다. 택시에 내리기 전에 빼놓은 물건이 없는지 확인하는 습관을 만들면 좋겠다는 아이디어였다. 그 이후

택시 문을 닫기 전에 혼잣말로 "잠깐"이라고 외친 뒤 앉아 있던 자리를 눈으로 확인하는 행동을 시작했다. 아주 짧은 시간이지만 이 행동이 반복되어 습관화되고 나니 이제 소지품을 놓고 내리는 일이 사라지고, 스트레스도 더는 겪지 않게 되었다.

택시에서 자리를 돌아보는 습관의 과정

습관	자극	반응	보상
택시에서 자리 확인하기	택시에서 내림	혼잣말로 '잠깐'	소지품 분실에 대한 안심

지금부터는 아래 표에 자신이 가진 습관 목록을 적어보기 바란다. 지금의 습관을 적어보는 것은 2가지 이유다. 먼저 습관을 객관적으로 바라볼 수 있기 때문이다. 물론 습관을 적는다고 습관을 바로 개선할 수는 없지만, 당신의 인생에 부정적인 영향이나 긍정적인 영향을 미치는 습관의 실체를 확인하는 것만으로 의미가 있다. 다음으로는 습관 중에서 당장 바꿀 수 있는 습관을 찾아내기 위해서다. 금연과 같이 심리적인 저항이 큰 습관은 시간도 오래 걸리고 많은 의지력의 에너지가 필요하다. 하지만 작은 습관들은 당장 자극을 주는 환경을 바꿈으로써 개선할 수 있다.

마지막에 '강도'라고 적힌 칸에는 1~10까지 습관이 얼마나 강한 상태인가를 스스로 평가해서 적는 것이다.

나의 습관 돌아보기

습관	자극	반응	보상	강도

어떤가? 적어놓고 보니 당신의 습관이 좀 더 객관적으로 보이지 않는가? 당신이 가진 좋은 습관은 무엇인가? 그 습관은 어떤 과정을 통해 만들어졌는가?

당신은 이미 좋은 습관을 만드는 방법을 알고 있다. 당신이 좋은 습관을 만든 방식처럼 새로운 습관을 만들면 된다. 이제 나쁜 습관을 버리는 방법에 대해서 살펴보도록 하자.

6

습관과 환경에
대한 생각

습관과 중독은 다르다. 중독은 종종 나쁜 습관과 혼동되는 때도 있다. 중독과 습관은 서로 반복적 행동이라는 점에서 비슷하기 때문이다. 하지만 습관은 스스로 의지를 가지고 멈출 수 있는 반면, 중독은 그렇지 않다는 데 차이가 있다. 중독은 개인의 의지나 노력만으로 해결하기 쉽지 않기 때문에 의사나 전문상담가의 도움을 받는 것이 바람직하다. 본 장에서 다루는 것은 삶의 소중한 시간을 불필요하게 낭비하고 고통을 주는 일상의 나쁜 습관들이다.

나쁜 습관 버리기의 핵심은 환경을 변화시키는 데 있다. 스마트폰을 예를 들어 이야기해보자. 특히 잠자기 전에 스마트폰을 보는 것은 수면 시간은 물론 수면의 질도 떨어뜨린다. 동영상 시청이나 게임을 하면 정신을 각성시키는 호르몬인 코르티솔이 분비되는데, 이 코르티솔은 교감신경을 활성화해 몸을 긴장 상태로 만들기 때문에 잠들기 어렵게 만든다. 잠자리에 들기 전에 우리의 뇌를 자극하는 모든 것을 제거하여 뇌를 쉬게 하는 것이 중요하다. 잠자리에서 스마트폰을 사용하지 않는 것이 우리 건강에 좋다는 것은 명확하지만, 자기 전 하루의 여유를 가장 느낄 수 있는 그 시간에 스마트폰을 보고 싶은 유혹은 엄청나다.

잠자리에 들기 전에 스마트폰은 보통 어디에 있는가? 스마트폰이 침대 머리맡 혹은 손을 조금만 뻗으면 잡을 수 있는 작은 탁자 위에 놓여 있지 않은가? 스마트폰은 눈에 보이는 것만으로도 사용하고 싶은 충동을 느끼게 한다. 스마트폰을 너무 많이 본다고 생각한다면 어떻게 해야 할까? 가장 좋은 방법은 'Out of sight Out of mind(아웃오브 사이트 아웃오브 마인드: 눈에서 멀어지면 마음에서도 멀어진다)', 즉 스마트폰을 없애는 것이다. 나쁜 습관이 반복될 수 있는 환경을 애초에 차단해 버리는 것이다. 하지만 현실적인 방법은 아니다.

스마트폰 프리존을 만들면 어떨까? 거실 한구석에 상자를 갖다 놓고 사용하지 않아야 하는 시간에는 스마트폰을 집어넣는다. 눈에 보이지 않고, 쉽게 손에 닿지 않는 곳에 놓아야 한다. 스마트폰을 보고 싶다는 습관이 머리를 드는 순간 몸을 움직여야 하는, 좀 번거로운 작업을 해야 한다. 우리 뇌는 스마트폰을 가지러 가기 위해서 의지력을 발휘하려고 할 것이다. 의지력이라는 에너지를 써야 하는 뇌는 이게 정말 중요한 일인지 다시 한 번 판단하게 된다. 뇌가 다른 생각을 처리하는 시간을 갖게 되면 스마트폰을 봐야겠다는 행동을 지연시키고, 욕구의 강도가 줄어든다.

습관의 횟수를 줄이는 것도 방법이다. 특별히 내가 많이 보는 스마트폰 앱은 무엇인지 체크한 뒤 바탕화면에 있는 앱을 지워서 눈에 띄지 않게 하는 것도 생각해볼 수 있다. 인터넷에는 이렇게 하는 사람의 사례도 있다. 불필요하게 자주 사용하는 앱은 쓰고 나면 지우고, 쓸 때마다 다시 깔고 지우기를 반복하는 것이다. 이런 방법으로 해당 앱을 하루 또는 이틀에 한 번만 보는 것으로 바꾼다. 쓸데없는 행동이라고 생각할 수도 있겠지만 뇌를 귀찮게 만드는 이런 방법이 나쁜 습관을 바꾸는 특효약이다.

서던캘리포니아대학 심리학 교수 웬디 우드(Wendy Wood) 박사는 저서 《해빗》에서 유혹을 이겨내는 좋은 전략으로 상황제어 전략을 소개했다. 상황제어란 행동 치료의 한 기법으로, 특정 반응이 더 일어나거나 덜 일어나도록 환경을 바꾸거나 재배열하는 것을 뜻한다. 환경을 통해 자제력을 높이고 유혹을 떨쳐내는 것이다. 예를 들면 공부를 위해 편안한 침대가 있는 집을 떠나 도서관에서 공부하거나 냉장고에 있는 초콜릿 케이크를 내다버리는 것이다.

이제 나쁜 습관을 버리기 위해서는 어떻게 해야 할까? 스스로 물어보자. 당신의 나쁜 습관은 어떤 환경이나 상황에서 비롯되는가?

만약 '욱'하는 습관이 있다면 그 행동을 유발하는 다음과 같은 환경이 있을 수 있다.

나쁜 습관	자극을 유발하는 환경이나 상황
욱하는 습관	내 요구에 대해 상대방이 특별한 이유 없이 거절하는 상황

아래 표에 당신이 생각하는 나쁜 습관과 자극을 유발하는 환경이나 상황을 적어보자.

나쁜 습관	자극을 유발하는 환경이나 상황

이후부터 어떤 행동을 할 때 내가 문제가 있다고 자책하는 것을 멈추고, 행동을 일으키는 환경이 무엇인가를 찾아보는 시간을 갖기 바란다. 다만 영향을 주는 것을 파악했을 때의 태도가 중요하다.

환경에 대한 책임감을 느껴야 한다. 그 환경을 내가 만들지 않았다고 남을 탓하는 태도는 바람직하지 않다. 문제의 원인을 밖으로 돌리는 것은 발전을 더디게 한다. 환경은 누군가에 의해 피동적으로 만들어지는 것이 아니라 내가 변화시키고 만들어가는 대상이라는 사실을 받아들이자.

7

외적 환경 디자인

지금부터 환경을 바꾸는 방법을 생각해보기로 하자. 환경을 바꾸는 것은 그리 어려운 일은 아니다. 하지만 한꺼번에 다 바꾸려는 욕심을 부려서는 안 된다. 필요한 행동을 할 수 있도록 하나하나 환경을 지속적으로 수정해 나가는 것이 환경 바꾸기에 성공할 확률이 높다.

필자는 아침에 일어나면 행하는 몇 가지 연속적인 습관을 갖고 있다. 그중 하나는 노트에 긍정적인 문장을 쓰는 것이다. 아침에 눈 떴을 때 느끼는 우울감을 없애고 밝은 마음 상태를 갖고 싶었다. 그런 와중에 어느 책에서 '긍정 확언'을 써보라는 조언을 읽게 되었다. 그 후 미래의 희망 사항을 한 문장으로 만들어서 10번을 반복해서 쓰기 시작했다. 약 3분 정도 소요되는데, 매일 아침 긍정 확언을 쓰는 동안 잠들었던 정신도 맑아지고, 쓸 때마다 매번 작은 성취감도 느낄 수 있다.

긍정 확언이라는 습관을 만들기까지 필자가 어떻게 환경을 바꾸었는지를 소개해볼까 한다. 가장 먼저 노트 한 권을 사서 쓰기 시작했다. 시작하고 한동안 빼먹지 않고 쓰려고 노력하다 보니 그 과정에서 하나하나 사소한 불편이 생겨나기 시작했다. 습관을 방해하는 몇 가지 장애물들이 순차적으로 생겨난 것이다.

첫 번째가 긍정 확언을 작성한 노트를 보관하는 방식이었다. 처음 긍정 확언을 작성하고 나서는 한동안 노트를 아무 데나 놓았다. 어떨 때는 침대 머리맡에 놓기도 하고, 어느 날은 식탁 위에 놓기도 하고. 그러다 보니 매일 아침 짧은 시간이라도 노트를 찾는 데 시간을 허비하는 일이 생겼다. 그래서 책상 위에서 긍정 확언을 작성하고, 끝나면 늘 정해진 자리에 노트를 꽂아 놓기 시작했다.

다음으로는 볼펜이었다. 긍정 확언을 쓰는 노트와 볼펜을 따로따로 보관하다 보니 가끔은 볼펜을 찾기 위한 시간 낭비가 또 발생했다. 그래서 긍정 확언을 쓰는 전용 펜을 하나 정했다. 0.5mm짜리 파란색 볼펜인데, 여러 종류의 볼펜 중에 가장 마음에 드는 필기감을 주는 펜이다. 긍정 확언을 적고 나면 노트 사이에 끼워 함께 보관한다.

노트 보관 장소를 정하고 볼펜을 함께 끼워놓는 환경을 만들자 긍정 확언이 좀 더 편하게 습관으로 이어질 수 있었다. 지금은 일과를 마치고 잠자리에 들기 전에 책상을 정리하는 습관을 실천하고 있다. 책상을 정리하는 마지막 행동은 긍정 확언을 책상 가운데에 올려놓는 일이다. 이제는 아침에 일어나면 책상에 앉아 자동으로 긍정 확언을 쓸 수밖에 없는 환경이 되었다. 이렇게 해서 현재 긍정 확언 쓰기는 완벽히 필자의 습관이 되었다.

다음은 팔굽혀펴기다. 수시로 팔굽혀펴기를 할 수 있는 환경을 만들었다. 필자는 TV를 켤 때마다 매번 20개의 팔굽혀펴기를 한다. TV 받침대 옆에 팔굽혀펴기 바(bar)를 걸어놓았다. TV를 보면 그 바가 눈에 딱 보인다. 그럼 자연스럽게 TV를 켜놓고 팔굽혀펴기를 할 수 있다.

아침에 일어나 공복에 체온과 비슷한 온도의 물을 한 컵 정도 마시면 건강에 좋다고 한다. 하지만 아침마다 따뜻한 물을 만들어 한 컵 정도 마시는 일은 역시나 귀찮은 일이다. 어떻게 하면 아침에 물을 마실 수 있을까 고민하다가 물을 먹을 수밖에 없는 환경을 만들기로 했다. 매일 아침 건강식품을 먹는 방법을 택했다. 알약을 먹게 되면 물을 안 마실 수 없다. 특히 세 가지 종류의 건강식품을 챙겨 먹는데, 이때 세 알을 한꺼번에 입에 넣지 않고 한 알씩 먹는다. 한 알씩 먹을 때마다 물은 1/3컵씩 마신다. 그럼 세 번에 나눠서 급하지 않게 아침마다 한 컵의 물을 자연스럽게 마실 수 있다.

어떻게 하면 좋은 습관을 지닐 수 있는 환경을 만들 수 있는지 한 번만 생각해보자.

습관 환경 디자인

습관 이름	
환경 1	
환경 2	
환경 3	
환경 4	
환경 5	

　과거 회사생활을 할 때 경영혁신 부서에서 프로세스 혁신 업무를 담당한 적이 있다. 프로세스 혁신에서 가장 중요한 작업이 업무 단위로 처음부터 끝까지 진행되는 프로세스를 쭉 그려보는 것이다. 현재 진행되는 프로세스를 빠짐없이 정리해보고, 개선되어야 하는 프로세스로 재구성한다. 재구성된 프로세스가 목표를 달성하기 위한 방향으로 잘 만들어진다면 일하는 사람은 그 프로세스에 따라서 움직이기만 하면 된다. 목표 달성이 저절로 될 수 있는 업무 환경을 구축하는 것이다. 습관도 마찬가지다. 잘 연결된 과정을 따라가다 보면 원하는 목표를 달성할 수 있도록 습관 환경을 디자인해야 한다.

8

내적 환경 디자인

습관을 만드는 데, 외적 환경도 중요하지만, 또 하나는 외적 환경을 만들어낼 수 있는 내적 태도를 보이는 것도 중요하다. 좋은 습관을 만들기 위한 5가지 '마음먹기'에 대해 살펴보자.

첫째 내 삶에 책임을 지겠다고 선언하라.

삶에 책임을 지겠다는 것은 남을 탓하지 않는다는 것이다. 무언가를 시도하고 변화해야 하는 것은 스스로 해야 하는 일이다. 원인과 결과를 남 탓이라고 생각하는 것은 시간 낭비일 뿐이다. 당신의 삶은 누구도 아닌 당신의 것이라고 생각하라. 지금까지 삶의 결과가 설령 만족스럽지 않다고 느껴진다고 하더라도 인정하라. 현재는 오로지 당신의 선택과 행동의 결과물이다. 내 삶의 주인이 나라는 인식을 통해 앞으로의 삶을 바꿔나가는 것도 나의 선택과 행동이라는 것을 깨달아야 한다.

의미 중심 프레임을 가지고 삶을 바라보자. 서울대학교 심리학과

최인철 교수의 저서 《프레임》에는 환경미화원으로 일하는 아저씨 이야기가 나온다. 늘 행복한 표정으로 일하는 환경미화원에게 젊은 이가 힘들지 않은지 물었다. 환경미화원의 대답은 뜻밖이었다.

"나는 지금 지구의 한 모퉁이를 청소하고 있다네."

환경미화원은 자기 일이 단순히 돈벌이나 거리 청소가 아니라 지구를 청소하는 일로 바라보고 있었던 것이다. 자신에게 의미 있는 일이라는 생각을 하는 순간 그것은 내 것이 되는 것이다.

둘째, 완벽한 습관에 대한 환상을 버려라.

한없이 높은 기준을 세우고 그 수준에 도달할 때까지 자신을 밀어붙이는 사람을 완벽주의자라 한다. 완벽주의는 성취를 위해 꾸준히 노력한다는 점에서 긍정적인 면이 있다. 하지만 완벽주의자는 자신이 세워놓은 이상적인 기준 때문에 성취감보다 좌절감을 더 많이 경험하는 것으로 알려졌다. 불안, 분노와 같은 부정적 감정에 취약하다. 남들이 볼 때는 거의 완벽하게 일을 해냈다 하더라도 성취 과정이 좀 더 능률적일 수 있었다고 결과를 폄하하기도 한다. 점점 성취에 대한 만족을 느끼지 못하는 불감증에 빠진다. 완벽주의자는 도전을 오히려 회피하는 경향이 있다. 완벽하게 해내지 못하는 것을 두려워하기 때문이다. 완벽주의는 내가 한 일에 대해 누군가 비난하거나 나쁜 평가를 할지 모른다는 생각에서 나타난다. 습관은 남에게 보여주기 위한 것이 아니다. 단지 자기 삶의 변화를 위해 추구하는 과정이라는 사실을 받아들여야 한다.

셋째, 유연한 사고방식이 필요하다.

혹시 TINA와 TATA에 대해 들어본 적 있는가? TINA는 'There is no alternative'라는 말의 약어다. 말 그대로 다른 대안이 없다는 의미다. 이거 아니면 안 된다는 사고방식이다. 반면 TATA는 'There are thousands of alternatives'의 약어다. 에디슨이 전구를 발명할 때 천 번 이상 실패를 했다는 일화는 너무나 유명하다. 그 실패에 대해 에디슨은 이런 말을 했다.

"난 단지 성공하지 못하는 1천 가지 방법을 알아냈을 뿐이다."

모로 가도 서울로만 가면 된다는 말은 자칫 과정의 정당성 없이 결과만 얻으면 된다는 뜻으로 해석될 수도 있지만, 목표를 달성하는 데 다양한 방법을 시도할 수 있다는 개방적인 사고가 필요하다는 의미로 해석해 보면 어떨까? 무언가를 시도하려 할 때 TINA적 태도 보다는 TATA적 태도를 갖는 것이 좋은 이유가 있다. TATA는 긍정적인 마음과 연결된다. 부정적 사고방식보다 긍정적 사고방식은 더 많은 기회에 스스로 도전하게 만드는 태도를 갖게 한다. 습관 만들기에 대해서도 한 번 실행했다가 안 되면 될 수 있는, 또 다른 방법을 시도해볼 수 있다는 열린 마음을 가져야 한다.

넷째, 자신에게 관대하라.

우리는 흔히 타인에게 관대하고 자신에게 엄격하라는 말을 듣는다. 물론 유익한 말이다. 그렇다고 자신을 평가 절하할 것까지는 없다. 자신에 대한 평가 절하는 자존감을 떨어뜨린다. 작은 성공에 대해서도 자신을 격려하고 칭찬해야 한다. 세상에 태어나서 두 발로 설 수 있을 때까지는 부모님이나 가족들이 보내는 매 순간의 아낌없는 칭찬이 큰 역할을 했다. 성인이 되면서는 남에 대한 칭찬에는 헤퍼지는 대신 자신에 대한 칭찬에는 인색해진다. 지금 자신의 모습에서 어제보다 더 나은 선택을 할 수 있다는 믿음을 가져야 한다. 미국 대통령 링컨도 "단점이 없는 사람은 장점도 없다"라는 말을 했다. 내가 느끼는 단점은 어떤 상황에서는 내가 살아가는 데 유익한 장점이 될 수 있다. 한 번 실수가 실패를 의미하지는 않는다. 습관을 만드는 과정도 당연히 생각처럼 되지 않을 수 있다. 하지만 진짜 실패는 내가 스스로 포기했다고 선언하는 순간에 정해지는 것이다.

다섯째, 조급해하지 말자.

미국 요세미티 국립공원에는 암벽등반가들 사이에 성지(聖地)라 불리는 엘 카피탄(El Capitan)이라는 이름의 암벽이 있다. 해발 2,307m에, 수직으로 약 1km에 가까운 높이로 단일 화강암 덩어리로는 세계 최고 규모를 자랑한다. 1989년 이 악명 높은 산을 오른 마크 웰먼(Mark Wellman)이라는 사나이가 있다. 그는 장애인이다. 1982년 암벽에 올랐다가 떨어지는 사고를 당하는 바람에 하반신이 마비되었다. 그런 그가 1km에 가까운 암벽을 올랐다는 사실은 놀라울 수밖에 없었다. 친구가 걸어준 밧줄을 잡고 무려 9일 만에 정상을 정복했다. 오로지 팔의 힘에 의지해 한 번에 15cm씩 자신의 몸을 끌어올려 무려 7천여 회의 '작은 전진' 끝에 결국 도전에 성공했다.

마크 웰먼이 조급한 마음을 가졌더라면 분명 엘 카피탄에 도전하겠다는 마음조차 갖지 못했을 것이다. 조급함은 빨리 결과를 보기를 기대하는 마음이다. 조급함은 남과의 비교에서 비롯되기도 한다. 조급함은 주변을 둘러보지 못하는 우를 범하고 실수나 실패할 확률을 높인다. 황금알을 낳는 거위의 배를 가른 것도 농부의 조급함이다.

습관을 만드는 과정은 의식에서 무의식으로 일을 넘기는 과정이기 때문에 긴 호흡이 필요하다. 나비가 되기 위해 누에는 땅속에서 5년이라는 시간을 버틴다. 한 걸음씩 앞으로 나아가는 것만으로도 충분히 잘하고 있다고 스스로를 격려하라.

CHAPTER 3

목표 설정

습관 디자인 2단계

1

원하는 것을 알면
인생이 바뀐다

　루이스 캐럴이 쓴 《이상한 나라의 앨리스》에 앨리스와 채서 고양이의 대화가 나온다. 앨리스가 채서 고양이를 만나 묻는다.

　"여기서 어느 길로 가야 하는지 알려줄래?"

　고양이는 생뚱맞은 대답을 내놓는다.

　"그건 네가 어디로 가고 싶은가에 달렸지!"

　"어디든 상관없어, 이곳이 아니라면."

　"그러면 어느 길로 가도 상관없지!"

　습관은 원하는 모습을 현실화시키는 기술이다. 하지만 뇌는 새로운 습관을 만드는 것뿐만 아니라 기존의 습관을 없애는 것도 싫어한다. 지금까지 다니던 길을 놓고 다른 길로 돌아가라는 것에 스트레스를 받는다. 만약 금연을 결심한다고 했다면 대가를 치러야 한다. 담배를 통해 얻었던 좋은 것들을 포기해야만 한다. 담배를 피우며

즐기는 잠깐의 여유와 동료들과의 수다, 연기와 함께 사라지는 긴장 감을 더는 누릴 수 없게 된다고 생각하면 우울해진다.

그래서 행동을 시작할 때는 용기가 필요하다. 용기는 동기와 의지력에서 나온다. 펌프에서 물을 끌어내리려면 한 바가지 마중물이 필요한 것처럼 말이다. 동기부여와 의지력은 원하는 것을 시작할 때 필요하다. 그런데 동기부여와 의지력의 스위치는 어떻게 켜지는 것일까?

도파민에 의해 가능하다. 도파민은 인간에게 의욕과 흥미를 불러일으키는 신경전달물질이다. 도파민이 없으면 무엇을 해도 관심이 쉽게 떨어지고, 귀찮아하게 된다. 도파민은 운동신경에도 관여한다. 도파민 부족으로 나타나는 대표적 질병은 파킨슨병이다. 이처럼 무언가 시작하고 움직이기 위해서는 도파민의 도움을 받아야 한다. 도파민이 분비되면 쾌락을 느낄 뿐 아니라 두뇌 활동도 증가해 작업에 있어 끈기나 정확도가 올라가는 것으로 알려져 있다. 도파민은 즐거운 상상을 하는 그것만으로도 분비되고, 그 상상을 현실로 만들기 위해 몸이 행동하도록 뇌를 자극한다.

뇌는 모든 일에 우선 부정적이다. 몸짱이 되고 싶다고 생각해보라. 정말 몸짱이 되고 싶은가? 당신이 진정으로 원하는 일인가? 되고 안 되고의 여부를 떠나 다른 사람의 기준이나 눈높이, 기대에 맞추기 위한 목표가 아닌지 생각해봐야 한다. 건강관리를 잘해야 한다, 인간관계가 좋아야 한다, 정리정돈을 잘해야 한다라는 생각들은 나의 의지와 상관없이 남에 의해 주입된 것일 수 있다. 진짜 건강관리를 잘해야 한다고 생각하는가? 변화된 모습을 상상하면 도파민이 분비되며 흥분을 느끼는가? 정말 그런가? 당신은 자신에게서 솔직한 대답을 들어야 한다.

스티븐 코비(Stephen Covey)는 정말 중요한 것이 무엇인지 알게 되면 인생이 완전히 바뀌고, 그 꿈을 늘 마음속에 간직할 경우 날마다 가장 중요한 존재로서 가장 중요한 것이 무엇인가를 알고 살아가게 된다고 했다. 속도보다 중요한 것은 방향이다. 자신의 삶을 잘 관찰할 필요가 있다. 매일 똑같기만 한 삶이라고 생각해서는 안 된다. 지금의 모습은 과거 시간이 누적된 결과다.

필자는 16년간의 직장생활을 통해서 지금의 삶을 선택하게 된 단서들을 발견했다. 첫 번째로, 다양한 프로젝트 업무를 기획하고 수행하면서 주도적으로 창조성을 발휘할 수 있는 일들에 강하게 끌리는 것을 알아냈다. 두 번째로, 좌뇌보다 우뇌가 발달해 숫자나 글보다 다이어그램이나 이미지를 활용해 대상을 표현하고 소통하는 것을 더 잘한다는 것을 발견했다. 세 번째 단서는 교육 업무를 경험하면서 교육이 필자가 가지고 있는 재능을 담아낼 수 있는 분야라는 것을 찾아낸 것이다. 이렇게 업무를 하면서 관찰하고 얻은 단서를 통해 '나'라는 사람에 대해 스스로 정의를 내려보았다.

"나는 스스로 의미 있는 무언가를 새롭게 창조해내는 일에 흥미를 느끼고, 복잡한 내용을 이해하기 쉽게 표현하는 장점이 있으며, 그것을 사람들에게 전달하는 행위에서 즐거움과 보람을 느낀다."

이런 정의를 바탕으로 필자는 미래의 커리어로서 교육 사업이 좋겠다는 결론을 내렸다. 강의하는 모습을 상상만 해도 기분이 좋아지고, 의욕이 솟아났다. 교육 사업가라는 목표를 달성하기 위해 미래를 준비하는 실천 방식이 구체적으로 달라지기 시작했다. 특히 자기계발과 리더십에 관심이 많았기 때문에 관련 분야에 대한 독서를 시작했다. 1년에 100권 읽기 프로젝트를 3년 동안 꾸준히 실천했다. 주말이면 적지 않은 비용과 시간을 투자해 지식을 채울 수 있는 강좌들을 꾸준히 수강했다. 또 기업교육 시장에서 활동하고 있는 다양한 사람들과 교류하며 미래에 내가 가고자 하는 세계의 정보를 꾸준히 축적했다.

무엇 때문에 필굽혀펴기를 100개 하는 습관을 들이는가? 왜 하루에 2리터의 물을 먹는 습관을 갖고 싶은가? 책을 읽는 습관이 왜 필요한가? 이러한 질문들에 분명히 대답할 수 있어야 한다. 톱니바퀴 하나를 설계하기 전에 그 톱니바퀴가 모여 완성되는 기계로 무엇을 만들어낼 것인가에 대한 답을 먼저 찾아야 한다. 습관은 그 자체가 아니라 기술이자 도구일 뿐이다. 이를 활용해 당신이 만들어 가고 싶은 삶의 모습은 무엇인가를 먼저 찾아내야 한다. 그렇게 되면 습관은 하인이 되어 당신을 원하는 자리로 데려다주는 역할을 충실히 수행할 것이다.

아무리 좋은 습관도 당신이 원하는 목표와 연결되지 않는다면 낭비가 될 수 있다. 습관도 시간을 쓰는 행위이기 때문이다. 끊임없이 질문하고, 마음의 소리에 귀 기울이고, 일상을 관찰해라. 그 안에서 당신이 원하는 모습이 무엇인가를 찾아라. 필자가 만나본 성공한 사람들은 자신이 무엇을 잘하는지, 무엇을 원하는지 확실히 알고 그것을 말로 표현할 수 있다는 공통점이 있었다. 똑같은 칼이라도 아이들에게는 무서운 흉기가 되지만, 일류 요리사에게는 요리를 만들어내는 요긴한 도구가 된다. 당신이 만약 하고 싶은 것이 무엇인가에 관한 질문에 답을 할 수 있다면 그때 비로소 습관은 삶에 승리를 안겨주는 강력한 무기가 되어줄 것이다.

2

어제의 나와 경쟁한다

고대 그리스에 한 달리기 선수가 있었다. 그는 온 힘을 기울여 시합을 준비했지만 안타깝게도 2등에 머물렀다. 시상식에서 군중들은 오직 1등의 이름만을 연호할 뿐이었다. 그 후 어디를 가나 그의 귀에는 1등의 이름만이 들려왔다. 얼마 지나서 광장 한복판에 우승자를 기리는 거대한 동상이 세워졌다. 거리를 지날 때마다 1등의 동상을 바라보며 자신이 패배자라는 사실을 매번 확인해야만 했다. 매일 시기와 질투심에 사로잡혀 아무 일도 할 수 없었던 그는 밤마다 남들 몰래 동상을 찾아가 밑 부분을 조금씩 끌로 파내기 시작했다. 그러자 날이 갈수록 동상의 중심이 조금씩 흔들리기 시작했다. 그러던 어느 날 마침내 거대한 동상이 중심을 잃고 쓰러지고야 말았다. 하지만 그 동상이 덮친 것은 다름 아닌 그의 몸이었다. 결국, 그는 목숨을 잃고 말았다. 그를 죽게 만든 것은 무엇이었을까? 동상이었을까? 아니다. 바로 남과의 경쟁이었다.

우리는 타인과의 비교를 통한 경쟁에 익숙하다. 남보다 조금이라도 더 좋은 성과를 얻으면 거기에 기쁨을 느끼고 만족한다. 하지만 남과의 경쟁을 통한 성장에는 한계가 있다. 경쟁의 과정에서 느끼는 질투와 시기심에 눈이 멀어 오히려 자신을 망치기도 한다. 그렇게 얻은 성공은 내면의 만족감을 채워주지 못할뿐더러 오래가지 못한다. 왜냐하면, 경쟁자는 절대로 사라지지 않기 때문이다. 언제 어디서든 누군가 새롭게 나타난다. 또 내가 주변 사람들을 경쟁자로 인식하는 순간 상대방도 나를 경쟁자로 인식한다. 그렇게 되면 누구도 나를 도와주려 하지 않을 것이고, 삶은 외로워질 것이다.

진정한 경쟁은 자기 자신과의 경쟁이다. '생활의 달인'라는 TV 프로그램을 보면 각 분야에서 내공을 쌓아온 엄청난 사람들이 등장한다. 이들의 동작은 기계처럼 빠르고 컴퓨터만큼 정확하다. 사람의 능력에는 끝이 없다고 하는 사실에 절로 탄성이 나온다.

한번은 수건을 상자에 집어넣는 일을 하는 '수건 포장'의 달인이 소개된 적이 있다. 산더미처럼 쌓여 있는 수건을 하나하나 상자에 포장해 넣어야 하는 일인데, 달인은 방송 진행자의 설명이 따라갈 수 없을 정도의 엄청난 속도로 일을 해낸다. "손은 눈보다 빠르다"라는 어느 영화 대사가 딱 들어맞는다. 상자를 접는 손가락 하나하나 손놀림은 물 흐르듯이 유연하며 한 치의 오차도 없다. 10년 넘게 같은 일을 해온 사람이 10초 가까이 걸리는 일을 달인은 불과 3초 정도에 끝낸다. 쉴 새 없이 작업하면서 인터뷰에 응하는 달인의 표정에는 여유까지 느껴진다. 달인의 손은 마치 의식과 완전히 분리되어 따로 움직이는 것처럼 보였다.

그들이 이런 경지에 오른 비결은 무엇일까? 달인들은 한결같이 처음부터 잘한 것은 아니라고 말한다. 하지만 그들은 남들과 마음가짐이 달랐다. 자신에게 주어진 일을 어떻게 하면 더 잘할까를 끊임없이 고민했던 것이다. 그 고민을 바탕으로 조그만 부분이라도 바꿔보려는 시도가 반복되면서 점점 남과 차별화되는 경지에 오른 것이다. '달인'을 만든 것은 의식적 반복의 힘이다. 달인들은 한결같이 자신이 하는 일이 '신난다, 재미있다. 오래 하고 싶다'고 말했다. 달인은 어제의 나와 끊임없이 경쟁해온 사람들이다.

자신과의 경쟁에서 이기기 위해서는 좋은 자아 이미지를 가져야한다. 맥스웰 몰츠(Maxwell Maltz)의 저서 《성공의 법칙》에는 자아 이미지의 개념이 소개되어 있다.

자아 이미지는, 나는 어떤 부류의 사람이라는 개인적인 생각이다. 자아 이미지는, 자신이 성취할 수 있는 것과 그렇지 못한 것, 자신이 하기 어려운 것과 하기 쉬운 것, 심지어 집안 온도를 조절하는 자동온도 조절기처럼 분명하고 과학적으로 다른 사람들이 자기 자신에게 어떻게 반응할 것인지를 컨트롤 한다.

할 수 있다는 사람의 눈에는 할 수 있는 것만 보이고, 할 수 없다는 사람 눈에는 할 수 없는 것만 보인다. 그런 면에서 유명한 에피소드가 있다. 현대의 고 정주영 회장이 이끈 중동 건설 신화가 시작된 이야기다. 1975년 정부는 중동의 오일 달러를 벌어들이기 위해 중동 진출을 시도한다. 하지만 답사를 다녀온 관리들의 대답은 하나같이 매우 실망스럽다는 결과를 보고했다.

"날씨가 너무 더워서 낮에는 일할 수 없고, 공사를 하려면 물이 필요한데, 절대적으로 부족해 공사할 수 없습니다."

반면 정부의 요청으로 답사를 다녀온 정주영 회장의 이야기는 완전 반대였다.

"중동이야말로 세상에서 가장 좋은 지역입니다. 1년 열두 달 비가 오지 않으니, 1년 내내 공사를 할 수 있고, 건설에 필요한 모래가 널려 있으니 자재 조달 걱정도 없고, 물은 어딘가에서 실어 오면 됩니다. 더위는 밤에 일하는 것으로 해결할 수 있습니다."

같은 상황을 보고 왔는데, 어떻게 해서 이런 답변이 돌아오는 걸까? 결국, 자아 이미지의 차이에서 나온다.

자아 이미지는 무의식 속에 깊이 각인되어 좀처럼 바뀌지 않는다. 삶을 제약하는 이미지를 가지고 있는가? 그렇다면 목표를 세우는 데 있어서 당신 내면에 원석처럼 묻혀 있는 잠재력이 있다는 것을 믿어야 한다. 자신과의 경쟁에서 승리하기 위해 당신이 어떤 여건에 처해 있더라도 당신 삶의 주인은 당신 자신이라는 점을 되새겨야 한다.

당신의 잠재능력을 과소평가하지 마라. 태양 에너지도 돋보기를 통해 한곳에 모으면 불을 낸다. 당신의 에너지를 자신과의 경쟁에 쏟아부어라. 설령 지금 하는 일이 당장은 내가 원하는 일이 아니라고 하더라도 남을 위해서가 아니라 나 자신을 위한 일이라 생각하고 의미를 찾아야 한다. 그 속에서 내가 찾아낼 수 있는 기회가 무엇일까를 궁리해야 한다.

주변에 매사가 불평불만인 사람이 있다. 나 말고는 모든 사람이 잘못이라는 생각을 한다. 하지만 이런 사람들이 좋은 자리를 차지하고 있는 것을 필자는 본 적이 없다. 왜냐하면, 모든 일을 남 때문에 벌어진다는 관점을 가진 사람은 절대 자신의 한계를 뛰어넘어 성장할 수 없기 때문이다. 자신이 성장할 수 있다는 마음을 가져야 하고, 내 삶을 책임지겠다는 결심을 해야 한다. 지금까지의 태도와 방법이 내 삶을 원하는 방향으로 이끌어줄 수 있을 것인가를 스스로 물어야 한다.

매일매일 똑같은 행동을 반복하면서 무언가 다른 결과를 바라는 사람을 일컬어 아인슈타인은 '미친 사람(Insanity)'이라고 했다. 조금 과격한 표현이기는 하지만 혹시 내가 아인슈타인이 말하는 바로 그 사람은 아닌가 생각해봐야 한다. 어제의 나보다 손가락 한 마디만큼이라도 나아지는 오늘을 살겠다고 다짐하라.

3

흥분하는 뇌가
성공을 부른다

인간은 이유가 있어야 움직이는 존재다. 그런 면에서 발명가 에디슨은 이런 원리를 잘 활용한 사람이라고 생각된다. 에디슨은 1,000번의 실패를 극복하고 전구를 발명했다고 알려져 있다. 그는 어떻게 숱한 난관을 극복하고 전구 개발에 성공할 수 있었을까? 선천적으로 엄청난 의지력을 가지고 태어난 사람이었기 때문일까?

심리학자 이민규 박사는 저서 《하루 1%》에서 에디슨이 보여준 놀라운 집념과 끈기는 '파생 효과'를 상상한 결과라고 알려준다. 에디슨이 전구에 대한 아이디어를 적은 분량은 노트 1장이었지만 전구의 발명이 불러일으킬 파생 효과를 적은 분량은 무려 9장이었다. 여기 그 일부를 소개한다.

실용적이고 내구성이 강한 전구를 만들면 미국의 모든 가정, 공장, 사무실, 농장에서 석유램프나 가스 등을 내가 발명한 전구로 교체할 것이다. 그렇게 되면 전기가 많이 필요할 것이고, 그러면 나는 발전기를 만들어 판매할 것이다. 처음에는 사람들이 전구만 사용하겠지만 전기가 공급되기 시작하면 효율성과 생산성을 높이기 위해 다른 여러 가지 전기제품들을 구매하게 될 것이다. 나는 전기제품들을 발명할 것이고 이 모든 제품을 미국뿐만 아니라 북미, 남미, 유럽, 아시아 등 전 세계에 판매할 수 있을 것이다.

어떤가? 에디슨은 파생 효과를 적어가며 전구 발명에 성공한 순간을 떠올렸다. 그 성공을 떠올릴 때 도파민이 마구 분출되는 순간을 경험하지 않았을까? 도파민은 상상만으로도 분출된다. 에디슨은 포기하고 싶을 때마다 이 노트를 보고 또 봤을 것이다. 그리고 성공을 상상했을 것이다. 성공을 상상하는 그의 뇌는 흥분으로 달아올랐을 것이다.

케네디 대통령은 왜 달 착륙 프로젝트를 시작했을까? 그 시대에 달에 가기 위해서는 일반적 사고방식으로는 불가능했다. 상식을 완전히 뒤엎는 생각의 도전이 필요했다. 우리는 이 생각의 도전을 '문 샷 씽킹(moon-shot thinking)'이라 부른다. 이러한 도전의 과정은 수많 은 파생 효과를 불러왔다. 우리의 삶을 윤택하게 만들고 있는 고마 운 기술, 예를 들면 정수기, 전기오븐, 동결건조 식품, 최근에는 외골 격 로봇까지, 우주 도전 과정에서 탄생한 파생 효과의 산물들이다.

당신의 행동은 어떤 파생 효과를 불러오게 될 것인가 한번 생각 해보자. 운동을 왜 하는가? 건강해지기 위해서? 건강해진다고 생각 하면 뇌가 흥분하는가? 뇌 스스로가 '움직여 볼까?' 하는 자극을 느 낄 만큼의 파생 효과를 적어보자.

하고 싶은데 늘 미루게 되는 운동, 매일 운동하는 습관은 어떤 파 생 효과를 불러오게 될까? 다음과 같이 파생 효과를 적어 보자.

날마다 조깅을 한다. 조깅을 하면 심장이 튼튼해지고 혈관이 건 강해질 것이다. 혈관이 건강해지면 고혈압이나 당뇨병을 예방할 수 있을 것이다. 그렇게 되면 병원을 가는 횟수가 줄어들 것이다. 당연 히 병원비도 줄어들 것이고, 매일 약을 챙겨 먹어야 하는 귀찮음도 사라진다. 노년을 요양병원에서 보내게 되는 끔찍한 삶과도 점점 멀 어지게 될 것이다.

뭔가 해야 한다고 억지로 강요하기보다 이와 같이 파생 효과를 적고 읽다 보면 어느새 동기부여가 되는 자신을 발견할 수 있을 것 이다. 예를 들어서 인사하는 습관을 갖게 된다면 어떤 파생 효과가 생길까? 생각하기에 따라서는 수십 가지의 다른 결과로 이어지게 될 것이다. 하나의 습관은 우리의 삶을 변화시키는 무궁무진한 잠재력을 가지고 있다.

그 일이 가져올 파생 효과를 생각해보라. 파생 효과를 꼭 무언가를 얻게 되는 관점에서만 떠올려 볼 필요는 없다. 사람마다 각자 성향이 다르다. 내가 만약 손실을 회피하는 성향이 있다고 한다면 행동을 하지 않음으로써 사라지는 수많은 기대 효과를 떠올려 보는 것도 괜찮다.

지금부터 하나의 행동을 떠올려 보고 그 행동의 파생 효과를 생각해보는 연습을 해보자. 마음껏 상상의 나래를 펼쳐보라. 파생 효과를 적으면서 마음속에 어떤 의욕이 생겨나는지를 관찰해보는 것도 재미있는 일이 될 것이다.

행동	
파생 효과	

하나의 행동은 반복된 습관을 통해 파생 효과를 불러온다. 파생 효과를 통해 삶이 달라진다. 중요한 것은 당신의 삶을 변화시킬 가장 큰 파생 효과를 불러일으키는 행동을 찾아내 그 행동을 습관으로 만드는 것이다.

4

가능한 목표와
불가능한 목표

삶은 선택과 집중이다. 무한하지 않은 시간이라는 한정된 자원 속에서 삶의 에너지를 어떻게 효과적으로 쓸 것인가를 결정해야 한다. 무엇을 해야겠다는 방향이 세워져 있지 않으면 그 시간은 남이 던져준 일, 다른 사람의 기대를 이루는 일로 채워질 것이다. 이런 일들은 아무리 열심히 한다고 해도 내 삶을 더 좋은 방향으로 변화시키는 데 한계가 있다.

내가 하고 싶은 일을 달성하려는 목표가 있어야 한다. 당신은 목표를 가지고 있는가? 그리고 어떤 방식으로 목표를 수립하는가? 그 방식에 관해 설명할 수 있는가?

필자가 서른세 살 때 자기 계발 책을 읽었다. 그 책에서 '삶에서 이루고 싶은 100가지 목표를 적어라'라는 조언을 읽고 실천해본 적이 있다. 수첩에 빼곡하게 하고 싶은 것 100가지, 되고 싶은 것 100

가지, 가고 싶은 곳 100가지, 먹고 싶은 것 100가지를 적었다. 각 항목당 100가지를 적는 일이 생각보다 힘들었다. 일주일 동안 꼬박 매달려 400개의 목표 적기를 완성하고 났을 때, 그 기분은 이루 말할 수 없었다. 모든 목표가 다 이루어질 것만 같은 희망이 생겼다. 하지만 훗날 달성된 것은 그중 고작 몇 개에 불과했다. 이루어진 목표 또한 큰 노력을 들였다기보다는 어찌하다 보니 나도 모르게 그냥 이루어진 것이 더 많았다. 왜 많은 목표들이 이루어지지 않았을까? 지금 돌이켜 생각해보면 필자가 적어놓은 것은 그저 '희망'에 불과했기 때문이다. 목표라고 생각하고 적었지만, 목표가 아니었다.

우리는 목표의 중요성을 늘 말하고 있다. 하지만 정작 제대로 된 목표를 가지고 있는 사람은 많지 않다. 예를 들어 '50세 전에 부자로 은퇴한다'라는 것은 목표인가? 목표를 세우는 행위는 내가 이런 것을 하고 싶다는 구체적인 의지를 뇌에 보여주는 것이다. 구체화란 이미지를 머릿속에 떠올릴 수 있는 정도를 의미한다. 그렇다면 50세 전에 부자로 은퇴한다는 것은 목표라고 할 수 있는가? 어떤 모습의 부자인지 이미지를 그릴 수 있는가? 막연하다면 그저 '희망'일 뿐이다.

사람들과 미래에 대해 이야기하다 보면 항상 등장하는 꿈이 건물주가 되고 싶다는 것이다. 그런데 어떻게 건물주가 될 거냐고 물었을 때, 구체적으로 명료하게 대답하는 사람은 드물다. 그들에게 건물주가 되겠다는 것은 목표가 아니라 한낱 꿈(희망)일 뿐이다.

희망을 현실화하는 데 필요한 것이 목표다. 예를 들어 눈앞에 하천을 두고 하천 건너편에 서 있는 자신의 모습이 희망이라고 한다면, 목표는 물을 건너갈 수 있게 디딤돌을 놓아 만드는 징검다리라고 생각하면 된다. 몇 개의 디딤돌을 놓아야 건너갈 수 있을까는 하천의 폭에 달려 있다. 이것을 우리는 현재와 희망 사이의 갭이라고 한다. 갭이 크면 클수록 놓아야 하는 디딤돌의 개수, 즉 달성해야 하는 목표가 더 많이 늘어난다.

한번 생각해보자. 당신은 어떤 희망을 품고 있는가? 예를 들어 직장인이 아니라 내 사업을 하는 경영자가 되고 싶다고 생각한다면 여기서 희망은 '경영자가 되는 것'이다. 그렇다면 어떤 목표가 필요한 것일까? 마케팅, 재무관리, 커뮤니케이션, 리더십 이런 역량이 필요하지 않을까? 하지만 이것도 목표라고 하지는 않는다. '목표 요소'라고 한다. 이런 '목표 요소'를 어떻게 달성할 것인가를 구체화하는 것이 목표다.

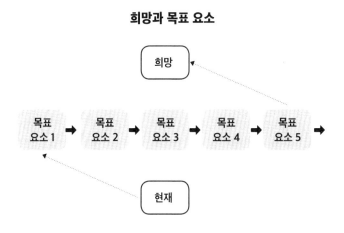

희망과 목표 요소

목표를 적기 전에 당신의 희망을 달성하는 데 놓아야 하는 디딤돌, 즉 목표 요소를 생각해보자. 목표 요소가 정해져야 목표를 정의할 수 있다.

희망	
목표 요소 1	
목표 요소 2	
목표 요소 3	
목표 요소 4	

목표 요소가 정해졌다면, 목표 요소를 달성하기 위한 구체적인 목표를 수립하는 과정으로 넘어간다.

5

목표를 이루려면
손을 써라

인간은 상상하는 만큼 멀리 갈 수 있다. 상상하는 능력은 인간만의 특권이다. 목표는 상상력에서 나온다. 상상을 현실로 끌어내는 방법은 바로 목표를 적어 구체화 시키는 것이다. 미국 캘리포니아 대학교 도미니칸대 심리학과 게일 메튜스(Gail Matthews) 교수는 다양한 직업과 국적을 가진 267명을 대상으로 실험을 했다. 목표를 적어둔 사람과 그렇지 않은 사람의 목표 달성률의 차이가 있는지를 보는 실험이었다. 결과는 어땠을까? 자신의 목표를 직접 적은 사람의 목표 달성 가능성은 그렇지 않은 사람에 비해 달성 가능성이 39.5%나 높은 것으로 밝혀졌다.

마크 레클라우(Marc Reklau)가 쓴 《습관책》에는 목표를 적는 것이 중요한 이유를 다음과 같이 설명하고 있다.

① 목표를 적으면 하루에 가지는 50,000~60,000가지의 생각 중에서 유독 글로 적힌 한 가지가 가장 중요하다고 당신의 마음에 선언하게 된다.

② 당신은 목표에 더 가까이 데려다주는 활동들에 집중하기 시작한다. 또한, 당신은 목표에 집중하는 동안 더 나은 결정을 내리게 된다.

③ 당신이 시간을 최대한 활용하여 일하고 있는지 항상 신경이 쓰이게 된다.

④ 매일 글로 작성한 목표를 살펴보면 '지금 하는 일이 나를 목표에 가까이 데려다주는가?'와 같은 질문을 자신에게 던지게 된다. 당신에게 행동하기를 권유하고, 그날 행동해야 할 행동에 우선순위를 매기도록 도움을 준다.

위 내용에서 주목할 점은 바로 마음에 선언한다는 것이다. 목표가 뇌에 입력되면 뇌는 목표 관련 정보에 대한 민감도가 높아진다. 눈을 감고 빨간색을 떠올려 보라. 그리고 얼마 후 눈을 떠서 주변을 둘러보라. 빨간색 물체가 주변에 생각보다 많다는 사실을 새삼 느끼게 될 것이다. 만약 당신이 특정 모델의 차를 사겠다고 생각하고 도로에 나가보면 당신이 사려고 마음먹은 그 차가 유독 많이 눈에 띄는 경험을 하게 된다.

'칵테일 파티 효과'라는 말을 들어본 적 있는가? 파티장의 음악이나 대화 같은 시끌벅적한 소음 속에서도 상대방의 이야기는 신기하게도 집중되어 들리는 현상을 표현하는 심리학 용어다. 인간에게는 선택적 집중 능력이 있다. 이와 관련하여 뇌 과학자들이 가장 많이 언급하는 부분은 망상활성계(RAS: Reticular Activating System)에 있다. 망상활성계는 각성에 관여하는 신경계이다. 이미지, 소리, 냄새 등의 감각 기관으로 들어오는 정보를 대뇌로 보내는 경로로써 적절한 정보를 걸러내는 여과장치 역할을 한다. 인간의 뇌는 아무리 많은 정보가 쏟아져 들어오더라도 뇌 용량의 한계 때문에 자신이 원하는 정보를 선별해서 받아들인다.

목표를 적는다는 것은 뇌에 자신이 원하는 것을 명확히 전달하는 행동이다. 그렇다면 목표는 어떻게 적어야 할까? 목표를 적을 때는 키보드를 통해 입력하는 것보다는 직접 펜을 잡고 종이에 적는 방법을 추천한다. 사람의 신체는 총 206개의 뼈로 구성되어 있다. 그중 25%가 손에 있다. 한 손에는 손가락뼈 14개, 손바닥뼈 5개, 손목뼈 8개를 포함해 27개의 뼈가 있다. 양손을 합하면 54개나 된다. 이 많은 뼈들을 묵힐 이유가 없다.

캐나다 출신의 신경외과 의사 월더 펜필드(Wilder Penfield)는 인간의 대뇌와 신체 부위와의 연계성을 연구해 체감각 지도를 만들었다. 각 신체 부위를 담당하는 뇌의 영역을 크기에 비례해 인간의 모습을 재구성하면 마치 괴물처럼 보이는데, 이를 호문쿨루스라고 한다. 호문쿨루스를 보면 손이 비정상적으로 크다. 이는 손에 운동이나 감각 정보를 전달하는 신경세포가 다른 신체 기관과 비교해 훨씬 더 많이 분포되어 있다는 사실을 나타낸다. 우리가 손을 쓴다는 것은 그만큼 많은 자극을 뇌에 전달한다는 것이다. 이러한 자극은 뇌에 더 중요한 정보라는 것을 각인시킨다.

목표를 적어야 하는 또 다른 이유는 시각화를 위해서다. 생각을 눈에 볼 수 있는 상태로 바꾸는 것이다. 생각은 붙잡아 놓지 않으면 잠시 머물러 있다 금세 사라진다. 인간의 뇌는 상상과 현실을 구분하지 못한다. 한번 실험해보자. 지금 머릿속에 노란 레몬을 떠올려보라. 칼을 들어 레몬을 조각내는 상상을 해본다. 다음으로 과즙이 떨어지는 레몬 조각을 입으로 가져가본다. 어떤가? 아마도 당신 입안에 벌써 침이 가득 고여 있을 것이다. 이번에는 손가락 끝이 날카로운 칼날에 베여 빨간 피가 나온다고 상상하면 어떤가? 미간이 찌푸려지면서 불쾌한 감정이 나타날 것이다. 이처럼 우리는 경험하지 않고도 뇌의 감정과 상태를 어느 정도 조절할 수 있다.

시각화는 상상을 현실로 인식시키는 가장 좋은 방법이다. 시각화하면 목표가 이루어질 가능성이 크다. 수십 년간 세계 1위의 왕좌를 지키고 있는 우리나라 양궁 국가대표 선수들의 실력은 어디에서 나오는 것일까? 양궁은 멘탈 스포츠라고 한다. 정신력이 실력을 좌우한다. 정신력을 키우는 훈련이 이미지 트레이닝이다. 2020년 양궁 세계랭킹 1위 국가대표 강채영 선수는 한 신문 인터뷰에서 "저는 아침마다 매일 명상으로 이미지 트레이닝을 해요. 처음 경기장에 들어

서서, 활시위를 당기고 바람의 방향을 확인하고, 화살이 과녁에 꽂힐 때까지의 과정을 머릿속으로 그려요"라고 말했다. 이미지 트레이닝을 통해 뇌는 이미 그 상황을 경험한 것으로 받아들인다. 이를 통해 긴장감을 통제하고 높은 집중력을 유지하면서 경기를 치를 수 있게 된다.

하지만 이미지로 시각화하는 것은 어느 정도의 훈련이 필요하다. 또 사람에 따라 시각화의 능력이 선천적으로 좋은 사람과 그렇지 못한 사람이 있기 마련이다. 따라서 시각화를 위해 글로 써보면서 머릿속 생각을 구체적으로 표현하는 방식을 추천한다.

성공한 수많은 사람들이 그 비결로 자신의 미래를 구체적으로 만들어 반복적으로 시각화했다는 점을 고백한다. 브라이언 트레이시는 이렇게 이야기한다.

"삶의 향상은 마음속 그림에서 향상이 시작된다. 마음속 그림이 유도장치가 되어 그 그림을 실현하는 방향으로 우리 행동을 이끌기 때문이다."

6

진짜 SMART한 목표

목표를 구체적으로 세우는 방법에 대해 알고 있는가? SMART 목표 설정 기법을 알고 있는가? 실제 이 기법에 따라 자신의 목표를 수립해본 경험이 있는가? SMART는 훌륭한 목표 설정 기법이다. 그런데 이 SMART의 5단계 기법을 활용해 목표를 세워본 경험이 있는 사람은 실제 많지 않다. 왜 그럴까?

바로 앞에서 말한 목표 요소를 정하고 목표를 세웠다고 착각하기 때문이다. 목표는 실행을 위한 설계도와 같다. 이해를 돕기 위해 건물주가 되는 것을 예로 들어보자. 건물주가 되고 싶다는 희망을 이루는 데 필요한 목표 요소는 크게 건축 자금, 건축 지식, 행정 지식, 세금 지식 등을 떠올려 볼 수 있다. 이 목표 요소가 정해지면 각각의 목표 요소 달성을 위한 목표를 정해야 한다. 목표 요소를 실행 가능한 목표로 바꿀 때 쓰는 방법이 SMART다. 목표 요소인 건축 지식을 얻는 것을 목표로 만드는 방법을 보자.

S는 Specific, 구체적이어야 한다. 구체적이라는 의미는 무엇일까? 눈으로 보일 정도가 되어야 한다는 의미다. 원하는 것을 먹기 위해서는 그 메뉴를 가져다 달라고 명확하게 주문해야 한다. 건축 지식을 얻기 위해 꼭 필요한 행동은 무엇인가? '건축지식을 배운다'보다 '건축학교에 다녀서 건축 지식을 배운다'가 더 구체적이다. 여기서 좀 더 구체적으로 되려면 어떻게 해야 할까? 바로 시간과 장소까지 함께 기록하는 것이다. 몇 시부터 어디에 있는 건축학교에 다닌다고 기록하면 뇌는 더 쉽게 행동할 준비를 한다. 만약 이렇게 적는다면 어떨까? '월 2회, 토요일 1시부터 6시까지 양평에 있는 건축학교에 다닌다'. 어떤가? 당신 머릿속에 행동이 명확히 그려질 것이다.

M은 Measurable, 측정 가능한, 즉 정량화된 수치가 필요하다. 현대 경영학의 아버지 피터 드러커(Peter Drucker) 교수는 이에 대해 "측정할 수 없으면 관리할 수 없고, 관리할 수 없으면 개선할 수 없다"라는 표현으로 중요성을 강조했다. 목표가 달성되고 있는가를 측정할 수 있도록 수치화가 필요하다. 다이어트라면 감량할 몸무게나 체지방량 등을 설정할 수 있다. 시험공부라면 목표 점수 또는 향상하고자 하는 점수가 측정 가능한 결과물이다. 그렇다면 건축학교에서 배운 지식을 측정하는 방법은 무엇일까? 지식을 숫자로 표시할 수 있을까? 이 경우 이렇게 표현하는 것도 방법이다. '그날 배운 내용을 글로 정리해서 블로그에 게시한다'. 어떤가? 이렇게 블로그

에 올린 글은 정량화된 결과물이라고 할 수 있다.

A는 Achievable, 스스로 통제 가능한가의 여부다. 스스로 통제 가능하냐는 말은 현실적으로 실행 가능한 목표인가를 평가하는 것이다. 영어를 한마디도 못하는 사람이 1달 만에 단어 3천 단어를 구사해 외국인과 자유롭게 소통한다는 목표를 세우고 있다면 이는 현실적이지 않은 목표다. 막연하거나 허황한 목표를 수립하는 것은 곤란하다. 자신이 가지고 있는 능력 한도 내에서 최대한 달성할 수 있는 목표를 수립하는 것이 바람직하다. 건축학교에 다니고 싶다면 현실적으로 다닐 수 있는 여건이 되는지 생각해본다. 6개월 동안 2주에 한 번씩 건축학교에 다니면서 5시간 지식을 쌓는 것이 실제 가능한지를 평가하는 것이다. 가능하다면 R로 넘어간다.

R는 Result-Oriented, 원하는 성과가 연결되어 있는가를 평가하는 것이다. 중요하게 고려해야 하는 단계다. 지금 설정하는 목표가 목표 요소를 달성할 수 있는가에 대한 여부를 따져봐야 한다. 이런 과정 없이 목표를 실행한다면 엉뚱한 결과를 만드는 시간 낭비를 불러온다. 소위 말해 헛발질할 수 있다. 다른 대안은 없는지 검토해볼 시간을 갖는다. 6개월 동안 시간을 투자하는 것이 건물주가 되기 위한 지식 습득에 직접적인 도움이 된다고 판단되면 다음 단계로 넘어간다.

T는 Timely, 마감 기한을 정하는 것이다. 목표는 마감 기한이 있는 꿈이라는 말이 있다. '언젠가는 해야지'라는 말은 상황에 따라서는 계속 미루겠다는 것과 같다. 마감 기한 내 끝내지 않는다면 목표는 의미가 없다. 마감 시간을 설정했다면 반드시 지키려고 노력해야 한다.

그렇다면 지금까지 SMART 방식으로 정의한 내용을 정리해보자.

희망	건물주 되기
목표 요소	건축지식
S	월 2회, 토요일 오후 1~6시 '더 존 건축학교'에 다니기
M	그날 배운 내용을 정리해서 블로그에 올리기
A	6개월간 월 2회 토요일 학교 수강 가능
R	임대사업자가 되기 위한 필수 지식 습득에 도움
T	20 XX 년 X 월 ~ 20 XX 년 X 월

다음으로 목표 선언을 작성해본다.

목표 선언	20 XX 년 X 월 ~ 20 XX 년 X 월까지 월 2회 토요일 5시간씩 '더 존 건축학교'에 다니며, 건축 기초 지식 및 다세대 주택 개발 실무를 수강하고, 수강 내용을 블로그에 올려 건축주와 임대사업자로서의 필요 지식을 갖춘다.

이제 희망을 이루기 위한 목표 요소와 SMART 방식의 목표가 끝났다. 구체적인 목표가 정해졌기 때문에 뇌는 당신이 원하는 내용을 정확히 받아들이게 된다.

당신의 '희망'과 목표 요소를 하나 선택해서 SMART 기법을 통해 목표로 만들어 보자.

희망	
목표 요소	
S	
M	
A	
R	
T	

7

시작을 미루는 사람들

목표를 수립했다는 것은 목적지에 갈 수 있는 지도를 손에 쥐었다는 것이다. 이제는 목적지를 향해 출발하기만 하면 된다. 하지만 장애물이 나타난다. 그 장애물은 바로 '미루기'다. 미루는 행동 때문에 고민해보지 않은 사람 없을 것이다.

앤드루 산텔라(Andrew Santella)의 책《미루기의 천재들》에는 미루기에 빠진 수많은 위인들의 사례가 나온다. 그중 찰스 다윈은 무려 20년 동안 '진화론'의 발표를 미뤘다고 소개했다.

당신의 미루기는 어느 정도인가? Steel 테스트(네이버 지식백과 참조)를 통해 점검해 보기 바란다.

앞선 문항에서 '늘 그렇다'는 5점, '전혀 아니다'는 1점으로 점수를 매긴다.

□ 1. 나는 너무 늦은 지경까지 결정을 지연한다.

□ 2. 결정한 후에도 실제 실행을 지연한다.

□ 3. 나는 최종 결정에 도달하기 전에 사소한 일에 시간을 허비한다.

□ 4. 마감에 맞추는 준비를 하면서도, 종종 다른 것들을 하는 데 시간을 쓴다.

□ 5. 나는 단순히 앉아서 하는 일도 며칠이 걸려도 완수하지 못한다.

□ 6. 나는 종종 며칠 전에 하려고 했던 과제를 이제야 한다.

□ 7. 나는 늘 '내일 해야지'라고 말한다.

□ 8. 나는 해야 할 일의 시작을 보통 미룬다.

□ 9. 나는 늘 시간이 부족하다.

□ 10. 나는 시간에 맞춰 일하지 못한다.

□ 11. 나는 모임과 마감 기한을 잘 지키지 못한다.

□ 12. 과거 마지막 순간까지 미뤘다가 손해 본 적 있다.

12가지 질문에 대한 합산점수가 36점이 넘어간다면 만성적인 미루기에 빠진 것으로 의심해 봐야 한다. 심리학자 페라리에 따르면 20%에 해당하는 사람들이 이 범주에 들어가는 것으로 추측된다.

피어스 스틸(Piers Steel) 캐나다 캘거리대 경영대학원 교수는 인터뷰에서 미루기를 재앙이라고 표현했다. 미루기 때문에 개인이나 사회에 막대한 손실이 발생하고 있기 때문이란다. 그러면서 미루기가 게으름과는 다르다고 주장했다. 게으른 사람은 일을 시작할 생각조차 하지 않고, 마감 시간을 넘기는 것 자체를 별로 중요하게 생각하지 않는다. 반면 미루기는 다르다. 미루는 사람 대부분은 자신의 목표를 달성하는 데 관심이 있다. 그런데도 시작을 하지 않는 것이다.

1997년 미국에서 대학생을 대상으로 한 연구가 있다. 학기 초반에는 일을 미루는 학생들이 더 행복하고 심리적으로 편안했지만, 학기가 끝나갈 무렵에는 이들의 평균 학점이 낮아졌을 뿐 아니라, 스트레스나 질병 지수도 높아졌다. 일을 미루는 사람들은 업무 성취뿐만 아니라 삶의 질도 떨어진다는 것이다. 이외에 많은 연구가 미루기에 대한 부정적인 결과로 일상생활에서의 문제뿐만 아니라 스트레스, 후회, 우울, 자기 비난, 죄의식 등의 문제를 일으킨다고 주장하고 있다.

시작을 미루는 이유는 무엇일까? 일 자체에 대한 문제와 그 일을 하는 사람의 심리적 문제로 나눠 이해할 수 있다.

첫째는 자체에 대한 문제로서 우선 일에 흥미가 느껴지지 않는 경우다. 이 경우는 하지 않는 게 최선이다. 하지만 세상일이 하기 싫다고 하지 않아도 되는 일은 많지 않다. 그때는 어떻게 해야 할까? "개구리를 먹어 치워라"라는 말이 있다. 가장 하기 싫은 일을 가장 우선 해치워 버리는 것이다. 어쩔 수 없다. 재미없다고 미루면서 온종일 마음 한구석에 불편함을 품고 지내는 것보다는 힘든 일을 먼저 끝내고 안도감을 느끼는 편이 훨씬 낫다.

두 번째로는 해야 할 과제가 너무 클 때다. 어디서부터 어떻게 해야 할지 엄두가 나지 않는 경우다. 그런데도 반드시 해야 하는 과제라면 일단 잘게 쪼개야 한다. 그리고 가장 쉽게 할 수 있는 일부터 시작한다. 코끼리를 냉장고에 넣는 방법은 잔인한 이야기지만 코끼리를 잘라 넣는 것이다. 내가 넣을 수 있는 만큼 냉장고에 담고 나서 남은 코끼리는 다른 사람의 냉장고에 넣어야 한다. 할 수 있는 만큼 하고 나머지는 남에게 맡겨야 한다는 의미다.

다음으로는 사람의 심리적 문제다.

첫째로 꼽히는 심리적 문제는 완벽주의다. 완벽주의는 결함 없이 완전함을 추구하려는 태도라고 정의된다. 완벽주의가 왜 미루기의 원인이 되는 걸까? 심리학자들에 따르면 완벽주의는 건전한 완벽주의와 부정적 완벽주의로 나눌 수 있다고 한다. 건전한 완벽주의자는 스스로의 기준에 따라 목표를 수립하고, 자신에게 완벽을 요구하는 특성을 가진 사람이다. 자신이 세운 기준을 달성했는지를 중요하게 생각하고, 다른 사람의 부정적 평가에 대해 덜 두려워하는 특성을 보인다.

반면 부정적 완벽주의자는 사회부과 완벽주의를 가진 사람이다. 이들은 스스로가 아닌 사회가 주입한 압력 때문에 완벽해지려고 노력하는 부류다. 부모와 선생님과 같은 밀접한 관계의 타인이 자신에게 높은 기대를 하고 있다고 생각하고, 그 기준에 맞추기 위해 노력한다. 행동의 원인이 타인의 기대에서 비롯되다 보니 결과에 대한 타인의 부정적 평가가 두려워 쉽게 시작하지 못하는 것이다.

두 번째는 실패에 대한 부담감이다. 반드시 목표를 달성해야 한다고 생각하고 또 잘해내고자 하는 과한 욕심이 부담감을 만든다. 이런 사람들은 부정적 결과를 얻을지 모르는 미래에 대해 더 많은 걱정과 스트레스를 느낀다. 또 스스로 통제력이 없다고 느끼는 경우 자신이 노력과 상관없이 상황이나 환경 때문에 실패할 가능성이 크다고 생각한다. 이런 생각들 때문에 실패라는 결과를 얻게 될 것을 염려한 나머지 미루게 되는 것이다.

마지막 심리적 문제는 지나친 자신감이다. 나는 특별히 노력하지 않아도 잘할 수 있다는 생각이 '여유롭게' 늑장을 부리게 만든다. 때에 따라 마감 직전에 남들보다 더 뛰어난 집중력과 에너지를 발휘해 더 좋은 성과를 낸다고 주장하는 사람들도 있다. 하지만 토끼와 거북이 이야기에서 보듯 토끼는 자만해서 늑장을 부리다가 거북이에게 지고 말았다. 자신감은 중요하지만, 제어도 필요하다.

결국, 미루기도 습관이다. 어떤 이유로 미루는지를 정확히 파악하고 냉정하게 고쳐가야 한다.

8

그럼에도 불구하고
시작하라

가장 나쁜 것은 포기다.

시작해보지도 않고 포기하는 것은 더욱 나쁘다.
그야말로 그것은 생명 현상에 대한
훼손이요, 거부다.
(……)
판을 그대로 두어서는 안 된다.
깰 것이 있으면 깨고 뒤집을 것이 있으면 뒤집자.

그럼에도 불구하고 다시 시작해 보는 것이다.
어디선가 새롭고 젊고 씩씩한 한 사람의 숨소리가 들리는 듯하다.

_ 나태주 시인 《좋다고 하니까 나도 좋다》 중에서

삶의 고통과 절망 속에서도 새로운 변화를 위해 발걸음을 뗀 사람들을 보면 마음이 숙연해진다. 좋은 시도는 나를 넘어서 우리가 살아가는 세상에 선한 영향력을 끼친다.

필자는 그런 면에서 배우 크리스토퍼 리브를 존경한다. 영화 〈슈퍼맨〉에 출연, 배우로서 탄탄대로를 걷던 그의 삶은 한순간 나락으로 떨어지고야 만다. 승마 대회 도중 낙마해 목 아래를 움직일 수 없는 끔찍한 장애를 얻게 된 것이다. 호흡기의 도움 없이는 스스로 숨도 쉴 수 없게 되었다. 하지만 그는 포기하지 않았다. 전기 자극을 통해 몸의 각 부위를 재활하는 프로그램을 시작했다. 5년간의 엄청난 노력이 이어졌고, 그 결과 호흡기를 떼고 30분 동안 숨을 쉴 수 있는 상태가 되었다. 2000년 인터뷰 도중에는 왼손가락을 움직이는 기적까지 보였다. 영화 속 슈퍼맨이 아닌 현실 속 슈퍼맨이 탄생한 것이다. 그가 보여준 불굴의 의지와 변화는 의료계에 새로운 희망이 되었다. 망가진 신경계가 노력으로 회복될 수 있다는 사실이 그를 통해 발견되었기 때문이다. 그는 작가, 배우, 영화감독으로 활발하게 활동하며 재활 의지를 불태우다가 2004년 심장마비로 안타깝게 생을 마감했다.

하지만 그가 살아 있을 때 '크리스토퍼 리브 마비 재단'을 설립하고 전 세계를 누비며 모금 활동을 한 덕분에 같은 처지에 있는 많은 사람들이 오늘도 희망을 품고 살아가고 있다.

자신에게 감동하는 삶을 꿈꾸자. 당신이 시작해보지 않을 이유가 있는가? 모든 일은 한 번의 시도에서 시작되고 완성된다. 내가 지금 해야 할 바로 그 행동은 무엇인가?

최고의 바둑기사 이세돌 9단이 2019년 은퇴했다. 은퇴를 앞둔 마지막 대국 상대는 인공지능 '한돌'이었다. 이미 2016년 알파고와의 대결을 펼쳤던 그가 바둑 인생 마지막 대결 상대로 또 한 번 AI를 선택한 것이다. 대결 결과는 2대 1 패배였다. 이세돌 9단은 마지막 대국 상대로 왜 하필 인공지능을 선택했을까? 이미 많은 전문가들은 인공지능의 우세를 점친 상황이었다.

이세돌 9단은 한 프로그램에 출연해 이런 말을 남겼다.

"사실 인간이 승패를 떠나 최선을 다한다는 것 자체가 큰 의미가 있지 않습니까?"

이세돌 9단은 자신에게 감동하는 삶을 산 인물이었다.

진인사대천명(盡人事待天命), 사람이 할 수 있는 최선을 다하고 결과를 기다려야 한다. 무언가 얻고자 할 때 쉽고 당연하게 되는 일은 드물다. 힘들어 보이고, 될 것 같지 않아 보이는 일투성이이다. 하지만 세상은 '그럼에도 불구하고'의 마음으로 시작한 사람들에 의해서 움직이고 변화해왔다.

세상의 많은 일은 할 수 있는 능력이 있어서 하는 것은 아니다. 러닝 바이 두잉(Learning by doing), 하다 보면 배워지는 것이다. 완벽하게 모든 것이 준비되는 순간은 절대 찾아오지 않는다. 먼저 시작하고, 다음으로 부족한 것들을 채워나가야 한다. 막연한 두려움도 한 번 뛰어들면 줄어든다. 위대한 건축물도 석공이 가져다 놓은 하나의 벽돌에서 시작한 것이다. 당신이 목표를 달성하는 멋진 삶을 이루기 위해서는 먼저 시작해야 한다.

지금부터 이렇게 해보자. 당신이 시작하지 못한 일을 하나만 떠올려 보라. 다이어트, 운동하기, 책 읽기 어떤 것이든 좋다. 그리고 펜을 들고 적어보라. 지금 당장 시작할 수 없는 이유를 100가지를 적어보는 것이다.

시작하지 못한 일 : _____

그 일을 시작하지 못하는 이유

```




```

단언컨대 당신은 그 이유를 10가지도 적어내기 쉽지 않을 것이다. 이를 통해 시작할 수 없다는 생각에는 특별한 근거가 없다는 것을 깨닫게 될 것이다.

CHAPTER 4

시작하기

습관 디자인 3단계

1

각도 0.1의 변화

인생은 속도가 아니라 방향이다. 목적지 없이 이륙하는 비행기는 없다. 방향을 정했다면 이제부터 삶을 0.1도만 틀어보는 연습을 해 보자. 45도, 90도가 아닌 0.1도다. 0.1도는 상징적인 의미로, 뇌를 불안하거나 두렵게 만들지 않고, 애써 동기를 찾지 않고 의지력의 에너지를 태우지 않아도 되는 행동을 하는 것을 의미한다.

앞서 SMART를 통해서 목표를 수립했다. SMART를 통해 목표를 만든 것은 목표 요소를 달성하기 위한 '핵심 행동'을 찾는 데 궁극적 목적이 있다. 만약 건강을 지키기 위한 목표 중 하나로 매일 아침 기상 후에 물 한 컵 마시기를 실천한다고 해보자. 그렇다면 핵심 행동은 무엇일까?

일단 과정을 떠올려 보자. 아침에 눈을 뜬다. 침대에서 일어나 졸린 눈을 비비며 주방으로 간다. 컵 하나를 골라 들고 주전자에 있는 물을 따른다. 컵을 들고 천천히 마신다. 생각보다 많은 절차가 필요하다. 반복해서 말하지만, 습관을 성공적으로 만들기 위해서 뇌가 저항 없이 받아들이도록 하는 행동으로 시작하는 것이 중요하다.

어떻게 하면 아침마다 매일 물을 마실 수 있을까? 방법은 '자극'과 '쉬운 행동'을 결합하는 것이다. 먼저 자극을 주는 상황은 눈 뜨자마자 눈에 물이 보이도록 만들면 된다. 다음으로 쉬운 행동인데, 손만 뻗으면 마실 수 있도록 하는 것이다. 이 두 가지를 결합하면 '눈뜨면 물이 보인다 + 그 물을 쉽게 가져다 마실 수 있다'가 된다. 이제 아침마다 물 마시기 목표 달성을 위해 습관화해야 하는 핵심 행동이 무엇인지 알 것이다. 바로 '자기 전에 머리맡에 물 한 컵을 놓아두는 것'이다.

습관 만들기에 필요한 또 한 가지는 행동의 걸림돌을 최대한 없애는 것이다. 필자는 건강식품을 챙겨 먹는 습관이 있다. 내가 좀 약골이기 때문에 아내는 내 건강에 많은 신경을 써준다. 하지만 약 챙겨 먹는 게 너무 귀찮아서 보존 기간이 지나 버려야 하는 건강식품들이 매번 생겨났고, 아내는 챙겨줘도 잘 먹지 않는다는 불만이 날로 커져만 갔다.

아내를 신경 쓰게 하는 것도 미안하고, 건강도 챙겨야겠다는 생각에 건강식품 먹기를 실천하기로 했다. 어떻게 하면 건강식품을 빼놓지 않고 챙겨 먹을 수 있을까? 우선 잘 챙겨 먹지 못하는 문제를 생각해보았다. 아침, 점심, 저녁으로 먹어야 하는 식품의 종류가 너무 많았다. 특히 건강식품은 오메가3, 비타민D, 콜라겐, 프로바이오틱스 등 이름도 외우기 힘들다 보니 더 어려웠다. 이 문제부터 먼저 해결해 보기로 했다. 우선 포스트잇에 아침에 먹어야 하는 것, 점심에 먹어야 하는 것, 저녁에 먹어야 하는 것으로 약을 분류해 각각 몇알씩 먹어야 하는지를 적어 벽에 붙여 놓았다. 그다음에는 먹어야하는 약끼리 모아 놓아서 손이 쉽게 가도록 했다. 이런 방법으로 정리를 끝내고 나니 훨씬 먹기 쉬워졌다는 생각이 들었다. 이런 걸림돌들을 제거한 다음 추가로 건강식품을 챙겨 먹어야 하는 시간을 휴대전화기에 알람으로 설정해놓았다.

그런데 또 다른 장애물이 생겼다. 강의로 이동이 잦기 때문에 약을 챙겨 먹지 못하는 상황이 자주 발생하는 것이었다. 아침에 급하게 집을 나오다 보면 약을 먹어야 하는 때가 지나서야 '아차, 또 잊어버렸네' 하는 경우가 생겼다. 이런 상황을 해결하기 위해 고민하다가 간단한 방법을 찾았다. 휴대용 약통에 따로 여분의 약들을 챙겨 가방에 넣어 다니기 시작했다. 이렇게 여분의 약을 휴대하는 습관을 들이고 나니 약을 챙겨 먹지 못하는 일이 거의 줄어들게 되었다. 가장 좋은 변화 중 하나는 아내로부터 불필요한 잔소리를 듣지않게 된 것이다. 좋은 습관은 인간관계에서 불필요한 스트레스를 줄여주는 좋은 효과도 있다.

이런 과정이 언뜻 보면 번잡해 보이지만, 지금 필자에게는 너무나 쉬운 일이다. 별 의지와 노력을 기울이지 않고 거의 자동으로 하는 행동이다 보니 어떤 압박감도 받지 않는다. 이것이 습관이 가지고 있는 힘이다.

무언가 행동으로 옮겨지지 않고 습관화되지 않는다면 분명 그에 대한 걸림돌이 존재한다고 보면 된다. 무작정 행동하기 전에 곰곰이 생각해보고, 좀 더 행동하기 편한 상태로 만들어야 한다. 가령 도시 건설에 있어 건물을 세우기 전에 미리 도로나 상수도, 전기 같은 인프라를 깔아 놓는 것과 비슷하다고 생각하면 된다.

그럼 지금부터 당신이 습관으로 만들어야 하는 핵심 행동 하나를 생각해보라. 그 행동을 습관으로 만들기 위해 사전에 없애야 할 걸림돌이 있다면 무엇인가?

목표	
핵심 행동	
걸림돌	

다만 처음부터 무리하게 시작하는 것은 바람직하지 않다. 갑자기 하지 않던 달리기를 내일부터 한 시간씩 하겠다고 결심한다면 십중 팔구 실패할 확률이 높다. 뇌에 작은 부탁을 하라. 일단 뇌가 별 부담 없이 받아들일 수 있는 행동부터 빨리 시작해야 한다.

필자는 시각적인 자극과 쉬운 행동을 결합한 '핵심 행동'을 통해 현재는 글쓰기를 포함, 하루 8개의 습관 만들기를 동시에 실천하고 있다. 하나의 행동이 습관으로 정착되기까지 많은 시간이 걸린다고 절대 부담 가질 필요는 없다. 오히려 처음부터 대단한 행동을 습관으로 만들겠다고 각오하는 것이 실패할 가능성이 크다. 0.1도의 작은 변화를 만들 수 있는 '핵심 행동'을 선택해서 실천해보자. 이런 방식을 통해 습관을 만드는 자신만의 노하우가 쌓이게 될 것이다.

습관은 만들면 만들수록 단단해진다. 습관 만들기 성공은 의지력의 근육을 더욱더 두껍게 만드는 역할을 한다. 필자가 수년간 미루어 왔던 책을 쓰고 있는 힘도 지금까지 쌓아온 작은 습관들이 나를 단단하게 만들어주었기 때문이다.

2

습관을 만들려면
잽을 날려라

매일 할 것인가? 몰아서 할 것인가? 결론적으로 말하면 습관을 만들기 위해서는 매일 핵심 행동을 하는 것이 좋다.

해보려고 실천했다면 빨리 시작해보자. 72의 법칙을 들어본 적이 있는가? 참고로 72의 법칙은 돈을 투자했을 때 금리에 따라 원금이 2배가 되는 데 걸리는 시간을 대략 계산할 때 사용된다. 예를 들어 금리가 현재 10%라고 한다면 72를 10으로 나눠 약 7.2년이면 복리로 원금이 2배가 된다는 것이다.

자기계발 분야에서 72의 법칙은 또 다른 의미로 쓰이고 있다. 어떤 일이든 72시간 이내에, 즉 3일 이내에 어떤 행동을 취하지 않는다면 그 일이 이루어질 가능성이 전혀 없다는 것을 의미한다.

일단 시작했다면 최소 일주일 정도는 꾸준한 실천이 필요하다. 일주일 정도를 해보면 이 행동이 나에게 좋은 영향을 주는지, 그렇지 않은지를 가늠해 볼 수 있다. 원하는 목표를 이루는 데 최소한 일주일을 투자해보는 것이다.

복싱의 기술 중에 잽(Jab)이 있다. 잽은 크게 몸을 쓰지 않고, 간결하고 빠른 허리 회전을 이용해 타격하는 기술이다. 속도와 정확성이 생명이다. 이 공격은 계속해서 상대를 현혹하고, 가격에 성공했을 경우 상대의 균형을 무너뜨려 다음번의 유효 타격을 준비하는 데 목적이 있다. 계속된 타격으로 상대를 지치게 만드는 것 또한 목적이다. 계속 잽을 날리다가 기회를 만나 큰 펀치를 꽂아 넣으면 상대는 KO된다.

습관은 두뇌에 뉴런끼리 새로운 시냅스를 만드는 것이다. 시냅스를 만들기 위해서는 뇌에 반복적으로 잽을 날려야 한다. 습관을 만드는 과정을 사람이 다니지 않는 곳에 길을 내는 것과 같다고 비유한다. 사람이 다니지 않던 곳에 길이 만들어지려면 사람이 한 번 지나갔다고 되는 게 아니다. 많은 사람이 계속해서 한길로 다니다 보면 발길이 지나간 자리에 풀이 죽고, 주변에 나무들이 사라지면서 점점 길이 만들어진다. 우거진 숲일수록 길이 만들어지는 데 더 많은 시간이 필요하다.

일단 집중해서 일주일만 해보자. 앞에서 말한 핵심 행동을 실천하기 위해서는 어쨌건 의식적인 노력이 필요하다. 의식적인 행동이 먼저 뛰고 나면 습관화가 이루어지기 전 단계인 가습관 기간이 찾아온다. 가습관은 핵심 행동이 점점 익숙해지고 있긴 하지만 아직 불완전한 상태라고 볼 수 있다.

가습관 기간의 특징은 의식하지 않으면 잊어버린다는 것이다. 아직 두뇌에 뉴런 간의 시냅스가 연결되지 않은 상태이기 때문이다. 한 번 두 번 잊어버리다 보면 습관을 시도하지 않았던 원래의 상태로 쉽게 돌아가게 된다. 또 작은 행동의 습관화는 부담감이 없어서 하찮게 생각해 오히려 주의를 기울이지 않는 문제가 있다. 그렇다면 가습관 기간을 지혜롭게 넘기려면 어떻게 해야 할까? 잊지 않고 기억할 수 있는 장치를 마련하면 된다.

일단 건강을 챙기기 위해 물을 먹는 목표를 설정했고, 이를 달성하기 위해 습관화할 방법으로 자기 전에 머리맡에 물을 한 컵 갖다 놓는 것으로 핵심 행동을 정했다면 아래 3가지 방법을 적극적으로 활용해야 한다.

첫 번째 방법은 주변 사람에게 알리는 것이다. 자신이 물먹는 습관을 만들겠다고 선언한 뒤 가족들에게 미리 자기 전에 꼭 물을 준비해 놓고 잘 것을 말해달라고 부탁을 해두는 것이다. 다른 사람이 챙겨주는 이런 말 한마디가 행동을 지속하는 데 매우 중요하다. 한 사람이 잊어버렸을 때 다른 사람이 말해줄 수 있도록 여러 사람에게 말하는 것이 좋다. 되도록 많은 사람이 함께 관심을 가질 수 있도록 부탁해야 한다.

두 번째는 글을 써서 붙여놓는 것이다. 간단히 종이에 적어 붙여놓으면 된다. 그렇다면 어느 장소에 붙이는 게 좋을까? 가장 좋은 장소는 이미 습관화된 행동을 하는 장소가 좋다. 예를 들어보자. 매일 빼놓지 않고 하는 습관이 뭐가 있을까? 자기 전에 양치질하는 습관이다. 따라서 양치질을 하는 욕실의 거울 옆에 붙여 놓는 것이 바람직하다. 자기 전에 매번 양치질할 때마다 붙여둔 포스트잇을 눈으로 보게 될 것이고, 자연스럽게 물을 준비해 놓아야 한다는 생각을 떠올리게 될 것이다

양치질과 물 마시는 습관을 연결 짓는 것을 습관 결합 전략이라고 한다. 기존에 가지고 있던 습관에 덧붙여 새로운 습관을 달아놓는 방법이다. 이렇게 하면 기존 습관이 자극 또는 방아쇠의 역할을 하게 되므로 새로 만드는 행동을 계속하게 만들어 습관화되는 데 효과적이다.

세 번째는 스마트폰 애플리케이션을 활용하는 것이다. 리마인더와 같은 프로그램은 시간대별로 해야 할 일을 알람으로 알려준다. TV를 보다가, 책을 읽다가 정해진 시간에 알람이 울리면 즉시 행동을 할 수 있다. 필자의 경우는 약 10개 정도의 알람이 시간대별로 설정되어 있다. 운동과 같은 중요한 습관에 대해서는 시간 간격을 두고 2차례 알람이 울리게 되어 있다. 만약 그 시간에 다른 일을 처리하느라 운동을 못 할 상황이라고 했을 때, 두 번째로 설정한 시간에 운동을 할 수 있도록 알람이 울리도록 한다. 이렇게 이중으로 알람을 설정해놓으면 특별한 상황이 아니고서야 잊어버리고 넘어가는 일이 거의 없다.

습관을 만들기 위해서는 가습관화 기간을 넘어서야 한다. 가습관화 기간 동안에는 눈에 띄는 변화를 느끼지 못하기 때문에 포기하고 싶은 마음이 자꾸자꾸 올라온다. 하지만 이 시기를 뚫고 지나가야 한다. 가습관화 기간이 끝나고 나야 몸이 기억하고 슬슬 자동으로 움직여진다는 것을 스스로 느끼게 된다. 그때부터는 재미와 자신감이 생겨난다. 이런 과정을 거쳐 핵심 행동이 습관으로 완전히 정착되는 경험을 해봐야 한다. 목표를 가지고 의도적으로 시도한 습관이 내 몸에 딱 붙었다는 성취감과 희열을 느끼게 된다면 당신도 건전한 습관 중독자가 되는 길에 들어선 것이다.

3

뉴턴 운동
제1법칙의 신비

일단 시작하라. 대부분 계획했던 것보다 더 많은 일을 하게 될 것이다. 학교에서 뉴턴의 운동 법칙을 배웠던 기억이 나는가? 뉴턴의 운동 제1 법칙, 관성의 법칙이다. 외부에서 힘이 작용하지 않으면 운동하는 물체는 계속 그 상태로 운동하려 하고, 정지한 물체는 계속 정지해 있으려고 한다는 원리. 우리 행동에도 이 법칙이 적용된다.

한 번 시작한 행동을 계속하게 한다는 것을 설명하는 데 도움이 되는 심리 이론이 있다. 바로 '작동흥분이론'이다. 작동흥분이론은 독일의 정신의학자 에밀 크레펠린(Emil Kraepelin)이 제시한 이론으로, 어떤 일을 시작하면 뇌의 측좌핵 부위가 흥분하기 시작해 점점 더 일에 몰두할 수 있게 된다는 내용이다.

일하려고 책상에 앉기가 어렵지 한 번 일을 시작하면 계속하게 되는 경우가 많다. 잠자기 전 소파에 앉아 10시부터 1페이지의 책을 읽는다는 핵심 행동을 습관화하기로 마음을 먹고 실천해보자. 한 페이지만 보고 끝나는 경우는 별로 없을 것이다. 그보다 많이 읽는 경우가 대부분일 것이다. 영화관에 가면 팝콘을 먹지 않겠다고 다짐하지만, 한 번 팝콘에 손이 간 이후에는 바닥에 손이 닿을 때까지 먹어치운다. 유튜브 시청을 즐기는 사람은 이런 생각을 많이 해보았을 것이다.

'유튜브 딱 한 편만 보고 공부해야지?'

하지만 그러기 쉽지 않다. 다들 동의할 것이다.

얼마 전 필자는 집의 가구 배치를 싹 바꾼 경험이 있다. 처음부터 그러자고 마음먹은 것은 아니었다. 거실에 지저분하게 꽂혀 있는 책들을 잠깐 정리해볼까 하는 마음으로 시작했다. 그렇게 책장을 정리하다 보니, 다른 책꽂이에도 이리저리 뒤섞여 있는 책을 다 정리해서 분류하고 싶은 마음이 생겼다. 그러다가 집 안에 있는 책장들의 위치도 바꿔야겠다는 생각까지 하게 되었고, 마지막에는 부엌에 있는 식탁의 자리까지 옮기고 나서야 끝이 났다. 처음에 30분 정도 걸릴 거라 예상하고 시작한 것이 무려 4시간 동안 계속되었다.

"조금만 기다려. 하던 일마저 하고."

평소 자주 듣고 쓰는 말이다. 우리는 무언가를 시작하면 끝까지 마무리하고 싶은 마음도 생긴다. 바로 작동흥분이론이 작동하는 것이다. 가구 배치를 하던 날 필자에게도 그런 일이 일어난 것이다.

일단 시작하면 계속한다는 작동흥분이론과 함께 소개하고 싶은 것은 자이가르닉 효과이다. 자이가르닉 효과는 끝마치지 못하거나 완성되지 못한 일은 마음속에 계속 떠오른다는 것이다. 다음 회가 궁금해서 참을 수 없어 미국 드라마 시리즈를 밤새도록 '정주행'하는 것도 이 자이가르닉 효과 덕분이다.

자이가르닉 효과를 주장한 사람은 러시아 심리학자인 브루마 자이가르닉(Bluma Zeigarnik)이다. 그는 한 레스토랑에 앉아 있다가 우연히 하나의 현상을 발견했는데, 종업원은 아직 계산하지 않은 주문을 이미 계산을 마친 손님의 주문보다 더 잘 기억하는 것이었다. 이러한 관찰을 토대로 브루마 자이가르닉은 '마무리 짓지 못한 일을 이미 끝나버린 일보다 더 잘 기억하는 것이 아닐까?'라는 생각을 했고, 이 가설을 검증하기 위한 실험을 진행했다.

실험은 이렇게 진행됐다. 일단 참가자 164명을 두 그룹으로 나누어 과제를 수행하게 했다. A그룹에는 진행 도중 아무런 방해 없이 과제를 할 수 있게 했고, B그룹에는 과제를 도중에 중단하거나 방해를 해 다른 과제로 넘어가도록 유도했다. 실험이 끝난 후에 두 그룹에 각각 수행한 과제를 기억해 보도록 했다. 그 결과 B그룹이 A그룹과 비교해 2배 이상 더 많이 수행한 과제를 기억해 냈다. 그런데 더 재미있는 사실은 B그룹이 기억해낸 과제의 68%는 방해를 받아서 중간에 그만둔 과제들이었다.

이렇게 끝내지 못한 작업에 관한 생각은 다른 일을 하는 도중에도 마음속에 계속 떠오른다. 첫사랑의 기억이 오랫동안 기억되는 것도 마무리 짓지 못한 사랑의 자이가르닉 효과라는 주장도 있다. 미

완성 작업은 정신적 긴장 상태를 만들고, 이를 해소하기 위해 작업을 마무리하려고 노력한다. 작업을 끝마쳐야 비로소 정신적 긴장이 완화되면서 마음이 편해진다. 그래서 한 번 시작한 일은 끝을 보고 싶어 하는 것이다.

작동흥분이론과 자이가르닉 효과는 몇 가지 시사점을 준다.

첫째, 시작이 얼마나 중요한가에 대한 재확인이다. 어찌됐든 시작하기만 하면 다음은 굴러간다는 것이다. 그러기 위해서는 시작할 수 있는 마음이 들게 행동의 크기를 정하는 것이 무엇보다 중요하다. 가장 최소한의 단위로 쉽게 할 수 있는 행동으로 만들어보자.

둘째, 한 번만 더 해보자고 뇌에 요청하는 것이 중요하다는 것이다. 'foot in the door' 기법을 아는가? 설득이나 협상에서 사용되는 기술이다. 'foot in the door'는 '문간에 발 들여 놓기' 기법으로 불린다. 먼저 상대가 수락하기 쉬운 부탁을 요청하고, 상대가 수락하면 이후에 더 큰 요청을 하여 상대로부터 허락을 얻어내는 방법이다. 뇌가 힘들어하는 큰 행동보다는 작은 행동부터 시작해서 점점 더 큰 행동을 시도해보자.

셋째, 계획 이상으로 해냈다고 무리하게 목표를 올리지 말아야 한다. 계획만큼 해냈다면 그다음부터는 마음을 편하게 갖는 것이 좋다. 오늘 책을 10페이지 읽었다고 1페이지를 읽겠다는 행동을 10페이지 읽기로 바로 수정해서는 안 된다. 바닥을 다져가면서 점점 습관을 실천할 수 있는 체력을 키워나가는 것이 필요하다.

행동이 점점 편해지는 변화가 일어나는 티핑포인트까지는 계속해서 반복하는 것이 중요하다. 자신을 스스로 격려하고 인정하라. 자신이 가지고 있는 잠재력과 능력에 대해서 지속해서 신뢰를 보내라. 이런 하루하루의 성취감이 당신을 점점 더 큰 사람으로 만들어 줄 것이다.

정말 하고 싶지 않은 날에 뭔가를 꼭 해야 한다면, 그저 시작이나 해보겠다는 마음으로 시도해보라. 시작하면 어느새 생각했던 것보다 더 많은 양의 일을 해내고 있는 자신을 발견하게 될 것이다. 만약 하기로 정한 것보다 더 많이 달성했다면 그 부분은 내가 스스로 결정한 행동이 받는, 기분 좋은 덤이라고 생각하라.

4

습관의 디드로 효과

18세기 프랑스 철학자 디드로(Denis Diderot)는 친구에게 세련된 빨간 가운을 선물 받았다. 그런데 그 가운이 자신의 낡은 가구들과 어울리지 않는다는 생각이 들었다. 그는 가운의 빨간 색과 어울리도록 의자, 탁상, 책상 등을 하나하나 바꿔나가기 시작했고, 결국에는 집 안의 모든 가구를 다 바꾸었다. 결국, 돈 낭비를 한 자신을 깨닫고는 우울감에 빠졌다.

미국 사회학자 그랜트 매크래켄(Grand McCracken)은 하나의 물건을 가지게 되면, 그것에 어울리는 다른 물건을 계속해서 사게 되는 현상에 '디드로 효과'라는 이름을 붙였다. 그는 소비자들이 물건들끼리의 연결성이나 통일성을 위해 소비하는 경향에 주목했다.

'깔맞춤'이란 속어가 있다. 색깔이나 디자인을 맞춰서 소비하는 현상을 말한다. 구두를 사면 구두에 어울리는 코트를 입고, 코트에 어울리는 매니큐어를 사서 바르는 식이다. 디드로 효과는 기업이 브랜드를 마케팅하는 수단으로 활용한다. 예를 들어 애플은 자사의 제품군인 아이폰, 맥북, 아이패드 등의 디자인뿐만 아니라 사용하는 방법까지 동일하게 만들어 관련 제품을 구매하도록 유도한다.

습관에도 이 디드로 효과가 적용된다. 지금 당신이 만든 습관은 또 다른 좋은 습관을 불러오게 할 수 있다. 좋은 습관은 '나'를 발전시킨다. 전과는 다른 정신과 태도를 지니게 해준다. 당신의 의식 수준은 더 좋은 행동을 할 수 있는 긍정성을 갖게 되며, 변화된 태도는 당신에게 어울릴 만한 또 다른 좋은 행동을 하게 만든다.

필자는 '포기하면 나'라는 마음이 들 정도로 뭔가를 꾸준히 하는 것에 대해서는 재능이 없다고 스스로 생각했었다. 이것저것 찔끔찔끔 하다가 어느새 시들해지면 다른 것을 찾아서 어슬렁거렸다. 스스로 정말 끈기 없는 사람이라고 여겼다. 필자의 처음 습관은 건강식품 먹기였다. 한두 달 건강식품 먹기를 통해 의도적 습관 만들기의 재미를 느끼고 나서 좋은 습관 만들기에 대한 의욕이 생겼다.

다음으로 건강을 위해 제대로 운동을 해보자는 생각이 들었다. 집에서 간단히 팔굽혀펴기나 스쿼트를 하면서 습관화를 시도했다. 이걸 꾸준히 하다 보니 자연스럽게 운동에 관심이 생기기 시작했다. 책이나 동영상을 보다가 좀 더 제대로 해보고 싶다는 생각이 들어 헬스클럽에 등록하고 코치에게 PT까지 받아보게 되었다. 어느 날 문득 보니 나 자신이 운동을 싫어하는 사람에서 운동을 좋아하는 사람으로 변해 있었다. 또 몸의 변화에 재미를 느끼고 작년보다 더 좋아진 건강 검사 결과가 더해지자 운동에 대한 의욕이 계속해서 유지되는 선순환 구조가 생겨나기 시작했다.

여기에 연결되어 또 다른 습관이 생겼다. 건강한 신체를 갖는 습관이 생겼으니 좀 더 건강한 정신을 갖고 싶다는 생각이 들었다. 그래서 시작한 것이 긍정 확언이다. 아침마다 내가 바라는 삶의 목표를 적기 시작했다. 적을 때마다 좋은 에너지가 마음속에 일어났다. 이어서 습관 하나가 또 붙었다. 하루를 마무리할 때, 일상을 되돌아보고 내 삶에 좋은 영향력을 미친 사람들에 대해 감사일기를 쓰기 시작했다.

지금 이런 습관들을 통해 필자는 삶이 과거보다 좀 더 풍요로운 시간으로 채워져 가고 있다는 느낌을 가지고 살아간다. 습관을 만드는 기술을 알게 된 다음부터 또 어떤 좋은 습관을 만들까 고민하게 되는 것도 행복한 일이다. 마치 뷔페 레스토랑에서 이번에는 어떤 음식을 먹어볼까 하고 생각하는 것과 같다. 이런 과정이 앞으로도 지속된다면 미래의 삶도 좋은 방향으로 흘러갈 것이라는 확신이 든다.

더불어 여러 가지를 두서없이 하지 않으니 삶이 단순해졌다고 느낀다. 시간을 쓰는 밀도도 높아졌다. 짧은 시간 동안 낭비 없이 집중해서 처리할 수 있다. 그만큼 여유 시간이 늘어나는 것이다. 이쯤에서 한 가지 하고 싶은 말이 있다. 무조건 뭔가 반복해서 습관으로 만드는 것이 능사는 아니다.

습관의 좋은 점은 행동할 때 감정이나 의식이 거의 개입되지 않는 상태가 된다는 장점도 있지만, 계속된 반복은 한편으로 무뎌짐을 만들어내기도 한다. 우리가 습관을 가지려고 하는 목적은 바라는 삶을 살고자 하는 데 있다는 것을 계속해서 자각해야 한다.

무뎌짐에서 벗어나기 위해서는 '의식적인 노력'이 계속돼야 한다. 의식적인 노력은 습관의 효율뿐만 아니라 효과도 높여준다. 《1만 시간 법칙의 재발견》이라는 책에서 저자 안데르스 에릭슨(Anders Ericsson) 박사는 연구 결과를 바탕으로 얼마나 오래가 아니라 얼마나 올바른 방법인지에 달려 있다고 강조한다. 즉, '무턱대고 열심히 하기'가 아닌 '다르게 열심히 하기'를 피력한다.

필자가 실제 현장에서 영업하시는 분들을 관찰해봐도 20년 이상 경력을 가지고 있는 영업인보다 경력이 3년도 안 된 영업인이 더 큰 성과를 이뤄내는 사례가 허다하다. 성공은 자신만의 방식을 발견해내고 꾸준히 향상시키는 노력을 하느냐에 따라 달라진다는 사실을 기억해야 한다.

따라서 주기적으로 습관에 대해서도 '점검 시간'이 필요하다. 이는 이후 책에서 좀 더 자세히 다룰 예정이다.

이 모든 현상은 일단 시작해봐야 느끼고 알게 된다. 필자에게는 디드로의 빨간 가운 역할을 한 것이 건강식품 먹는 습관이었다. 당신은 당신의 빨간 가운을 스스로 찾아내야 한다. 당장 거창한 목표를 세우려 하지 말고 우선 습관을 만드는 방법을 경험하고 이해한 이후에 진짜 도전해볼 목표를 세우는 것도 괜찮다. 지금 책을 읽는 당신에게 추천하는 것은 반복된 행동을 통해 당신만의 습관을 만들어보는 경험을 해보는 것이다.

하나의 행동은 더 많은 행동을 하게 만든다. 그래서 습관은 고도화되고, 성공한다. 습관의 성공은 내가 포기하는 사람이 아니라는 것을 스스로 증명시키며, 이를 통해 자신감이 계속 자라게 한다. 그렇게 계속 반복하다 보면 어느새 당신의 삶에서 더 큰 기회에 도전하고 성취하는 경험을 하게 될 것이다.

도전해볼 만한 습관들

습관 만들기를 연습하기 위해 시도하면 좋을 만한 습관을 몇 가지 제안한다. 건강, 일, 인간관계, 돈, 자기계발·성장, 가족에 대한 몇 가지 아이디어인데, 참고하기 바란다. 지금 당장 어떤 습관을 갖는 것이 좋을까에 대한 생각이 떠오르지 않는다면 이 중 하나를 골라 실천해 보는 것도 방법이 될 수 있다.

건강을 위한 습관

1. 스트레칭

직장에서 늘 같은 자세로 앉아 있다 보면 뼈와 근육이 굳어져 거북목이나 키보드를 많이 두드리면 손목 터널 증후군이 찾아올 수 있다. 이를 예방하기 위해 주기적으로 몸을 움직여주는 것이 좋다. 시간을 정해 놓고 오전에 1번, 오후에 1번만 자리에서 일어나보자. 일어나면 자연스럽게 몸을 움직이고 싶은 마음이 생길 것이다. 목을 움직이고, 어깨를 돌리고, 팔을 접었다 폈다 하는 가벼운 스트레칭을 하게 될 것이다.

2. 계단 오르기

걷는 것이 좋다는 것은 누구나 안다. 하지만 일상에서는 걷기가 쉽지 않다. 특히 비가 오거나 미세먼지 때문에 밖에 나갈 수 없는 상황이 되면, 이를 핑계로 운동을 거르는 경우가 생긴다. 계단 오르기는 평소 생활에서 언제나 시도할 수 있는 습관이다. 너무 많은 계단을 오르겠다고 욕심 부리지 말고 그저 3층 정도를 걸어 오른다는 생각으로 시작하라. 만약 사무실이 10층이라면 3층까지 오른 다음 엘리베이터를 이용해서 10층까지 올라가는 식이다. 어느 날은 3층이 아니라 20층까지 올라갔다 내려오는 날도 있을 것이다.

인간관계를 위한 습관

1. 경청

상대방과 좋은 관계를 맺기 위해서는 대화를 잘해야 한다. 대화에 있어서 가장 중요한 기술은 경청이다. 경청은 귀로 듣는 것만을 말하는 것은 아니다. 상대방이 관심을 기울이고 있다는 모습을 보여주는 것이 필요하다. 기본적으로 '아이컨택'에서 시작된다. 대화할 때는 항상 몸을 돌려서 상대방을 향하는 제스처를 습관화해 보라.
자연스럽게 아이컨택이 이루어진다.

2. 먼저 연락하기

요즘은 SNS의 발달로 온라인상에서 접촉이 많아지다 보니 전화
통화를 하거나 직접 만나서 얼굴 보는 횟수가 줄고 있다. 하지만, 필
자가 사회생활을 하다 보니 평소 목소리도 듣고 얼굴도 보는 것이
관계를 발전시키는 데 필요하다는 생각이 든다. 이런 노력이 쌓이다
보면 꼭 필요한 순간 도움을 주고받을 수 있는 건설적인 관계가 되
기도 한다. 연락하기 가장 좋은 시간은 점심시간 직후나 퇴근 시간
이다. 휴대전화기에 저장된 주소록의 이름 순서대로 통화할 사람을
선택하는 것도 방법이다. 하루에 딱 한 사람만 통화 버튼을 눌러라.

돈을 위한 습관

1. 지출 통제하기

보통 수입은 통제가 어렵지만, 지출을 통제하는 것은 상대적으로
가능하다. 이때는 하루 미뤄 살지 말지를 결정하는 습관이 도움이
된다. 만약 저녁에 인터넷 쇼핑을 하다가 필요한 물건이 눈에 들어
왔다면 그 자리에서 주문하지 말고 일단 다음날 아침까지 구매 결정
을 미루는 것이다. 어젯밤에 자리했던 충동 구매욕이 아침에는 사라

져버릴 수도 있기 때문이다.

2. 사야 할 목록 적기

　가정에서 식료품은 높은 지출 비중을 차지한다. 식료품은 충동구매의 대상이기도 하다. 마트에서 흔히 보는 카트조차 크기나 무게 등에서 우리 지갑을 열기 위한 마케팅 장치가 숨겨져 있다. 미리 계획하지 않으면 보이는 대로 사게 된다. 냉장고에 포스트잇과 펜을 붙여 놔라. 재료가 떨어지면 그때그때 포스트잇에 사야 하는 항목을 적어라. 그렇게 적은 리스트를 가지고 장보기를 한다면 비용이 줄어드는 것은 물론 냉장고 안도 한결 가벼워질 것이다.

자기계발및 성장을 위한 습관

1. 책 읽기

　책 읽기는 쉽지 않다. 눈에 띄도록 책을 놓아라. 책상머리맡에, 화장실 선반에, 식탁 위에, 거실 소파 위에, 집안 동선 곳곳에 책을 비치해 놓는다. 필자는 이 방법을 '에리어(area) 독서법'이라고 부른다. 앉은 자리에서 1페이지만 읽어도 좋다고 생각하라. 종이책을 사기에 부담스럽다면 전자책을 사서 봐도 된다. 월 1만 원 남짓한 돈을 내고 대여 개념으로 책을 볼 수 있는 서비스들을 선택하기를 추천한다. 전자책의 경우 책이 눈에 보이는 자극이 덜해서 읽을 시간을 미리 정해 놓고 알람을 등록해놓으면 좋을 것이다.

2. 일기 쓰기

일기를 쓰는 이유는 하루의 삶을 돌아보는 성찰의 기회를 갖기 위해서다. 습관화 할 수 있는 세 줄 일기를 추천한다. 딱 세 줄만 쓰자. 세 줄 일기는 일본의 의사 고바야시 히로유키의 책《하루 세 줄 마음 정리법》에서 소개한 것이다. 잘못한 일, 잘한 일, 그리고 내일 해야 할 일 순으로 적는 것이다. 적다 보면 스트레스 해소에도 도움이 되고 계획적인 사람이 될 수 있다.

가족

1. 포스트잇 편지

현대 사회에서는 가족끼리 얼굴 보기도 힘들다. 당연히 대화도 부족하다. 그저 포스트잇에 간단한 메시지를 적어서 방문에 붙여보면 어떨까? 응원 메시지도 좋고, 사랑한다는 표현도 좋다. 특히 부모 입장에서는 아이들과의 소통에 윤활유 역할을 한다는 것을 기대해도 좋다. 어느 날 필자는 우리 아이들 책상에서 그동안 적어 줬던 포스트잇을 모아 놓은 것을 발견했다. 아이들도 표현은 하지 않지만 이런 관심을 소중하게 생각한다.

2. 3초 허그

가족 관계에서 스킨십, 특히 포옹은 많은 도움을 준다. 포옹은 스트레스 호르몬인 코르티솔의 수치를 떨어뜨려 긴장이 풀리고 차분해진다는 연구 결과도 있다. 노스캐롤라이나 대학 연구팀은 포옹을 받지 않은 사람들에 비해 포옹을 받은 사람들은 심박 수가 더 안정적인 수치를 유지한다고 밝혔다. 이런 좋은 효과가 있는 허그를 가족끼리 한다면 얼마나 좋을까? 가족 유대감을 강화하고 건강에도 도움 되는 3초 포옹을 습관화하기를 제안한다. 3초 포옹은 아침에 처음 마주칠 때 하면 좋다.

6

6가지 핵심 행동
리스트의 힘

이제 당신이 시도할 습관을 만들어볼 차례다. 현재의 나에게서 더 좋은 나로 변화하겠다는 즐거운 마음으로 적어보자.

먼저 목표를 달성하기 위한 '핵심 행동'을 적는다. 예를 들어서 업무 성과를 높이기 위해서 관련 분야의 지식을 쌓겠다는 목표 요소를 정하고, 책 읽기를 목표로 정했다면 '거실 테이블 위에 책을 가져다놓고, 매일 2페이지씩 책을 읽는 것'이 핵심 행동이 된다.

아래 핵심 행동 리스트에 6가지 정도를 적어보자. 6가지를 적는 이유는 잠시 후 설명하도록 하겠다. 한 가지 강조하고 싶은 것은 핵심 행동 리스트에 시간과 장소도 함께 적어라. 칩스 히스(Chip Heath)의 책 《스위치》에는 뉴욕 대학의 심리학자 피터 골비처(Peter Gollwitzer) 교수의 행동 계기 설정에 관한 연구가 소개된다. 연구에서는 학생들을 A, B 그룹으로 나눠 크리스마스이브를 어떻게 보냈는지에 대한 리포트를 제출하도록 했다. 이 리포트를 제출하면 추가

점수를 받을 수 있는데, 이 점수를 받기 위해서는 12월 26일까지 제출해야 한다는 기한을 설정했다.

A그룹은 겨우 33%만 리포트를 제출했다. 하지만 B그룹은 달랐다. 행동 계기를 미리 설정하게 했다. 리포트를 쓰는 정확한 시간과 장소를 먼저 정하도록 한 것이다. 예를 들어서 '리포트는 크리스마스 아침, 아버지의 사무실에서 작성할 것이다'라는 식이다. 그러자 75%의 학생들이 리포트를 제출했다. 피터 골비쳐 교수는 시간과 장소 같은 행동 계기가 스스로 해야 한다고 생각하는 일을 하도록 동기를 부여하는 데 큰 영향을 준다고 설명했다.

핵심 행동 리스트

목표	핵심 행동		
	행동	시간	장소

6가지를 적는 이유는 이 중에서 내가 정말 실천해서 습관으로 만들 행동을 선택하기 위해서다. 참고로 '6'이라는 숫자는 선택 장애를 줄여준다. 미국의 한 연구팀이 실시한 '잼 실험'에서 30종류의 잼을 진열했을 때와 6종류로 좁혔을 때, 소비자들의 구매 결정 비율을 측정했다. 그 결과 30종류 진열 시 잼을 사는 비율은 3%에 불과했지만, 6종류일 경우 30종류를 진열했을 때의 10배인 30%에 달하는 구매 효과를 보였다. 전문가들은 6종류의 선택권을 제공했을 때 가장 안정적이라고 분석한다. 당신은 어떠했는가? 6가지를 적기 위해 약간 고민했겠지만, 그리 어렵지 않게 적었으리라 믿는다.

이제 이 6가지의 목록 중에서 정말 실천할 것을 하나 선택하는 일이 남았다. 어떤 것이 가장 마음에 드는가? 나의 첫 습관 행동을 무엇으로 시작할 것인가? 어쩌면 당신은 지금 인생을 변화시킬 수 있는 중대한 선택을 앞두고 있다.

선택했는가? 당신이 선택한 행동은 습관으로 바꿔볼 만하다는 마음이 드는가? 만약 당신 마음속에 '이건 좀 어렵겠는데?'라는 생각이 든다면 더 쉬운 행동으로 바꿔봐라. 예를 들어서 '책 2페이지 읽기'가 아니라 '반 페이지 읽기'로 줄여라.

그래도 마음이 가지 않는다면 다른 핵심 행동을 선택하는 것이 좋다. 좋아하는데다 쉬운 행동이기까지 하면 좋겠지만, 일반적으로 좋아하는 행동은 크게 노력하지 않아도 습관으로 만들 수 있다. 그러므로 '도전해야 하고 하기 쉬운 행동'을 선택하라. 목표는 작은 성공이다. 당신의 선택으로 좋은 습관을 만들었다는 것을 경험하는 것이 중요하다.

　습관 만들기가 성공하고, 이 성공이 누적되는 것은 엄청난 일이다. 왜냐하면, 당신 스스로에 대한 정의를 바꿔주기 때문이다. 습관을 통해 매일 책 읽기를 하고 있다면 당신은 독서가가 되는 것이다. 하루도 빠짐없이 운동하고 있다면 당신은 운동하는 사람이 되는 것이다. 아침마다 가족들과의 포옹을 실천한다면 당신은 좋은 부모, 좋은 자녀가 되는 것이다. 자기 전에 내일 해야 할 일의 목록을 적는다면 당신은 삶을 계획적으로 사는 사람이 되는 것이다. 자신이 살아가는 모습이 자신이 정해 놓은 삶의 정체성에 부합된다는 것은 중요한 일이다. 거기에서 진정한 삶의 만족감을 느낄 수 있기 때문이다.

　필자는 이 책을 쓰기 위해 몇 달 동안 하루도 빼놓지 않고 노트북을 켜고 원고 파일 여는 행동을 습관화하려고 노력했다. 책을 쓴다는 것이 처음에는 가능성이 없어 보였다. 그저 막막하기만 했다. 하지만 행동이 반복될수록 글 쓰는 것에 요령이 생겨나고 점점 쉬워지기 시작하면서 책을 완성할 수도 있겠다는 가능성을 느끼기 시작했다. 그 전에 나는 글을 쓰고 싶어 하는 사람일 뿐이었다. 하지만 글 쓰기 습관은 지금의 나를 글 쓰는 사람으로 바꾸어 놓았다. 전과 다른 사람이 된 것이다.

　인생에서의 성공은 하늘에서 뚝 떨어지는 것이 아닌 것은 분명하다. 그런 것은 행운이라고 부르지 성공이라고 부르지 않는다. 행운은 내가 의지할 수 있는 대상은 아니다. 자신을 진정 변화시켜 본 사람에게 성공이라는 말을 붙인다. 그러니 당신은, 당신이 정한 그 행동을 습관으로 만드는 작은 성공을 꼭 경험해보기 바란다.

첫 번째 습관을 이루는 법

이제 당신이 선택한 행동을 습관으로 만들기 위해 해야 하는 매우 중요한 일이 있다. 바로 습관을 이루겠다고 말로, 글로, 그림으로 알리는 것이다. 우선 주변에 나의 도전을 아는 사람을 될 수 있는 대로 많이 만들어라. 이를 공개선언 효과 또는 떠벌림 효과라고 한다.

공개선언 효과는 미국의 심리학자 스티븐 헤이스(Steven C. Hayes)가 실험을 통해 증명했다. 그는 대학생들을 대상으로 목표 시험 점수를 공개한 집단과 그렇지 않은 집단을 비교한 결과 공개한 집단이 시험 점수가 현저히 높다는 것을 발견했다.

한 가지 실험이 더 있다. 미국의 사회 심리학자 모튼 도이치(Morton Deutsch)는 대학생들에게 직선을 보여주고 길이를 추정하게 했다. 첫 번째 집단은 추정치를 종이에 써서 제출하게 했고, 두 번째 집단은 추정치를 화이트보드에 적고 나서 남들이 보기 전에 지우게 했다. 세 번째 집단은 그냥 마음속으로만 생각하게 했다. 그러고 나서 모든 참가자의 추정치에 오류가 있다고 말해주고 각 그룹에 속한 사람들의 행동이 어떻게 달라졌는지를 확인했다. 실험 결과는 그룹별로 극명한 차이를 보여줬다. 추정치를 외부에 알리지 않고 마음속으로만 가지고 있던 사람들은 추정치가 잘못되었다는 사실을 알게 되자 주저 없이 자기 생각을 수정했다. 반면 추정치를 글로 써서 다른 사람들에게 공개한 학생들의 경우 자신의 의견을 쉽게 바꾸지 않았다.

"나비처럼 날아서 벌처럼 쏜다"라는 명언의 주인공 무하마드 알리. 전설의 복서인 그에게는 '떠버리 알리'라는 별명이 있었다. 시합 전에 상대선수에게 "널 7회에 KO로 바닥에 눕혀 버릴 거야"와 같은 말을 종종 했기 때문이다. 그런데 신기하게 그의 말은 현실이 되었다. 이러한 도발을 통해 상대를 심리적으로 자극하는 효과도 있었지만, 알리는 자신이 내뱉은 말을 지키기 위해 스스로 더 노력했다. 알리는 공개선언 효과를 활용한 것이다.

습관을 실천한다는 사실을 남에게 알리면 좋은 이유는 호손 효과 (Hawthorne effect)를 통해 설명되기도 한다. 호손 효과는 누군가가 나를 지켜보고 있다는 것을 인식하면 본래의 의도나 천성과 다르게 행동하는 현상을 말한다. 한 명이 지켜보고 있다는 것과 여러 사람이 알고 있다는 것은 다르다. 일반인보다 보통 연예인이나 정치인과 같이 대중에게 많이 알려진 사람들이 스스로 행동을 더 조심하고 말을 단속하려고 노력하는 것은 이 호손 효과의 영향이다.

만약 당신이 외향적인 성격의 사람이라면 SNS에 반복적으로 매일 당신이 실천하는 행동을 올리는 것도 방법이다. SNS와 같은 친밀한 사람들이 많은 공간에 자신의 행동을 공언한다면 긍정적인 변화의 시도에 대해서 격려와 응원의 댓글이 여럿 달릴 것이다. 그 선의의 댓글들로 인해 당신은 동기가 높아질 것이다. 또한 응원하고 목표를 이룰 수 있기를 기대하는 사람이 많을수록 피그말리온 효과가 발생하기도 한다. 다른 사람의 기대가 높을수록 현실화할 가능성이 커지는 현상이다.

주변 사람들에게 알리게 되면 도움을 받을 수도 있다. 아무리 내가 열심히 하려 해도 내 주위에 있는 사람들이 도와주지 않으면 습관 만들기에 성공할 확률은 낮아진다. 가장 먼저 도움을 청해야 하는 사람들은 가족이나 친구다. 가까이 있는 사람들의 이해를 구해야 한다. 필자는 수년 전 금연 결심을 했다. 그때 가장 걱정했던 게 담배를 함께 피워온 동료들이었다. 담배를 끊으면 괜히 소외되지 않을까 하는 두려움이 있었다. 하지만 담배를 끊겠다고 선언했을 때, 동료들의 반응은 부러움과 격려였다. 필자의 경험을 본보기 삼아 습관을 만드는 도전에 이해와 지지를 요청하자.

다음으로는 글과 사진 등을 활용하는 방법이 있다. 사람은 망각의 동물이다. 필사적으로 눈에 보이게 만들어야 한다. 필자는 컴퓨터를 많이 들여다보니까 눈이 많이 약해지고, 쉽게 피로해진다. 2~3분 정도 시간을 내서 눈 운동을 해야 하는데, 이상하게 그 습관은 잘 만들어지지 않았다. 그러던 중 양치질을 할 때 동시에 눈 운동을 하면 좋겠다는 아이디어가 떠올랐다. 즉시 포스트잇에 '양치질할 때 눈 운동하기'라고 적어서 욕실 거울에 붙였다. 이후 양치질과 동시에 눈 운동을 하는 습관을 갖게 되었다. 컴퓨터나 핸드폰 바탕화면, 책상 앞, 현관문, 자동차 대시보드 어느 곳이든 좋다. 무조건 잊지 않도록 만들어야 한다.

사진을 이용하는 것도 좋은 방법이다. 이미지는 글보다 더 강한 시각적 자극을 주기 때문이다. 그러므로 자신이 원하는 것을 보여주는 이미지를 구해서 판에 붙여놓도록 하자. 이런 환경은 좋은 착각을 하게 만든다. 힘들게 노력하고 있거나 애쓰고 있다는 생각이 들지 않게 만든다. 습관화하는 저항을 낮출 수 있는 것이다.

공개하고, 쓰고, 붙이자고 말하는 이유는 첫 습관을 어떻게든 성공시켜야 하기 때문이다. 사람은 자신의 태도와 행동이 일치하지 않는 것에 불편함을 느낀다. 이를 인지 부조화 현상이라고 한다. 모임총무의 딜레마라는 우스갯말이 있는데, 이는 모임 장소인 식당의 음식이 맛이 없더라도 그 식당을 예약한 총무는 맛있다고 이야기할 수밖에 없다는 것이다. 총무는 자신이 선택한 결과에 대해 태도를 바꾸고 싶지 않기 때문이다. 사람은 믿음에 따라 행동하기보다는 행동에 따라 믿음을 바꾸는 존재다.

실패했을 때 인지 부조화 현상을 해결하기 위해 나타나는 부정적 반응이 자기 합리화다. 자기 합리화는 죄책감 또는 자책감에서 벗어나기 위해서 그럴듯한 이유를 들어 자신의 처지를 정당화하는 것이다. '실패하는 것은 당연해. 요즘에 너무 일이 바빴잖아?', '컨디션이 영 엉망이어서 그거 할 만한 기분이 아니었잖아?', '아직 시간은 많으니까 다음에 또 하면 되지 뭐', 이런 식으로 실패한 행동에 대해서 핑계와 이유를 만들어 죄책감이나 자책감에서 벗어나려는 것이다. 이 자기 합리화도 습관이다. 자기 합리화는 실패한 사람의 전형적 특징이다. 자기 합리화가 무서운 이유는 자존감에 계속해서 상처를 내서 삶에 있어 도전적 시도를 하지 못하도록 가로막는 데 있다.

그러니 첫 번째 습관은 반드시 성공해야 한다. 성공을 통해 성취감을 맛봐야 한다. 이를 위해 습관의 실천을 혼자 감당하지 말자. '말하고, 적고, 붙이고, 올려' 자신뿐만 아니라 많은 사람이 알 수 있도록 해보자.

CHAPTER 5

행동지속

습관 디자인 4단계

①

재미와 보상

모든 일에 중독이 나타날 수 있다. 중독이 일어나는 이유는 바로 '보상'이 있기 때문이다. 보상이 기대되면 행동은 더 재미있어진다. 일하고 얻는 성과에 대한 칭찬, 보너스 등의 보상을 받게 되면, 다음 일에 대해 상응하는 보상을 기대하면서 더 열심히 일하게 된다. 이런 행동이 반복되면 일하는 재미에 젖어 '중독' 현상이 일어날 수 있는 것이다.

2019년 1월 8일자 《동아사이언스》기사에서는 보상이 어떻게 반복적인 행동과 연관되는가에 대해 다음과 같이 설명하고 있다.

뇌과학적으로 즐거운 행동은 '보상 회로(Reward Circuit)'로 설명된다. 보상 회로는 행동을 반복하도록 동기를 부여하는 시스템이다. 일차적으로는 음식을 먹는 등 생존에 필수적인 행동을 할 때 쾌락이라는 감정을 느끼게 하고 이를 계속하도록 유도한다. 여기에는 뇌의 5개 영역이 관여한다. 이들은 도파민이라는 신경전달물질로 소통한다. 시작은 중뇌에 있는 복측피개영역(VTA Ventral Tegmental Area)이다.

새로운 행동을 하면 VTA는 즉시 도파민을 만들어낸다. 어떤 행동을 하는지에 따라, 그리고 개인에 따라 도파민이 생성되는 양은 다르다. 만약 굉장히 맛있다고 느끼는 음식을 먹었다거나, 자극적인 행동을 했다면 VTA에서 도파민을 엄청나게 생산해낼 것이다. VTA가 열심히 만들어낸 도파민은 4개 영역으로 각각 전달된다. 첫 번째로 쾌락의 핵심인 측좌핵(NAc Nucleus Accumbens)이다.

김정훈 연세대 의대 생리학 교실 교수는 "NAc는 보상 회로에서 인터페이스 역할을 한다"라며 "도파민을 받거나, 받을 것으로 기대하는 상황일 때 이 부위가 활성화되면서 사람이 즐거움을 느낀다"라고 설명했다. 활성화된 NAc는 다시 VTA에게 도파민을 더 보내달라고 요구한다. 뇌에서 이런 과정이 반복되면 우리는 행동에 대한 보상(쾌락)을 받았다고 느끼고, 또다시 그 행동을 하기 위한 동기가 만들어진다.

VTA가 만든 도파민은 기억을 담당하는 해마와 감정을 관장하는 편도체로도 향한다. 이를 통해 도파민을 분비한 행동을 감정적으로 느끼고 기억하게 된다. 행동을 결정하고 계획하는 데 관여하는 전전두엽에도 도파민이 도달한다. 전전두엽은 보상의 가치를 판단하고, 앞으로 그 행동을 계속할 것인지 판단한다.

뇌는 눈앞에 있는 즉각적 보상을 선호한다. 지금 당장 놀고 싶은 마음을 억제하면서 몇 달 앞에 둔 시험을 대비해 공부하는 것이 어려운 이유다. 예를 들어 스마트폰이 출시되면 줄을 서서라도 사고 싶지만, 미래를 위해 보험에 가입하는 결정에 대해서는 무관심하거나 뒤로 미룬다. 따라서 습관을 만드는 행동을 지속하기 위해서는 작은 것이라도 행동의 결과에 따른 즉각적 보상이 필요하다.

매주 등산을 열심히 하는데 살이 안 빠진다고 투덜대는 사람이 있다. 얘기를 들어보면 살이 안 빠질 수밖에 없다. 땀을 쭉 빼고 산에서 내려오면 식당에서 파는 제육볶음, 파전, 동동주로 실컷 보상한다. 이런 즐거움이 다음 주에도 산을 찾게 하는 습관을 만드는 데 도움을 주지만 이렇게 하다 보면 산을 열심히 다닌다 해도 살은 빠지지 않는다. 이 경우 대개 말뿐이고 진짜 살을 빼야겠다는 간절한 생각은 없다.

즉각적이지만 행동을 강화해 습관으로 만들 수 있는 보상을 찾는 것이 필요하다. 보상은 외재적 보상과 내재적 보상으로 나눌 수 있는데, 등산하고 나서 먹는 꿀맛 같은 식사는 외재적 보상이라고 할 수 있다. 하지만 외재적 보상은 내면화하기 힘들고 소비적 비용이 계속 들어간다. 또 외재적 보상이 없어지면 그 후로는 행동하지 않을 가능성이 커진다. 반면 내재적 보상은 결과에 대한 만족감이나 변화에 대한 희열이다. 예를 들어 운동을 통해 변화한 자신의 외모를 보고 뿌듯한 기분이 드는 상태가 내재적 보상이다. 내재적 보상은 외재적 보상과 비교해 즉각적이지는 않지만, 지속성이 강하다.

다만 초기에 습관 만들기를 위해서는 즉각적으로 효과를 볼 수 있는 외재적 보상을 적극적으로 활용하는 것이 좋다. 평소 갖고 싶었던 것이나 해보고 싶었던 것을 하는 보상을 주는 것이다. 예를 들어 어떤 행동을 했을 때마다 일정 금액의 돈을 통장에 넣는 것이다. 이는 즉각적이 아니라고 생각할 수도 있겠지만 돈을 저축할 때 그 돈을 쓰는 모습을 상상하면서 느끼는 기분이 즉각적인 보상의 역할을 한다.

역시 쉽고 효과 높은 보상 방법은 칭찬이다. 성취에 대해 인정받고 싶어 하는 것은 사람이 가지고 있는 기초적 욕구다. SNS를 활용하는 것도 방법이다. 습관을 만들어나가는 과정들을 SNS에 올리면 친구들로부터 격려와 칭찬이라는 좋은 보상을 받게 된다.

SNS 활용이 좀 쑥스럽다면 셀프 칭찬도 좋은 방법이다. 사람은 본능적으로 타인이나 자신의 부족한 면에 집중하게 되어 있다. 오늘 행동을 해냈다고 해도 어쩌면 마음 한구석에서 이런 목소리가 들려올 수 있다.

'조금 더 기쁜 마음으로 할 수 있었는데 왜 그랬어? 하려면 일찍 하지 미적거리다가 정해진 시간보다 한참이나 지나서 했잖아. 좀 더 잘하자. 잘할 수 있잖아?'

이런 목소리를 듣는다면 더욱더 자신을 칭찬해줘야 한다. 행동하고 나면 즉시 '와~ 해냈구나', '대단해 포기하고 싶었을 텐데', '분명히 성공할 거야', '내일도 꼭 해낼 수 있어'라고 자신의 어깨를 두드리면서 칭찬해준다. 이때는 마음속이 아니라 내 귀로 직접 들을 수 있도록 입으로 소리를 내서 칭찬해주는 것이 더 좋다. 또 셀프 칭찬을 글로 써보는 것도 효과가 있다. 기록되는 것은 나중에도 다시 기억해낼 수 있기 때문이다. 포스트잇에 그날그날 칭찬을 적어서 벽에 쭉 붙여놓는 것도 좋은 방법이다. 일주일쯤 지나서 칭찬하는 글을 다시 읽어보면 분명 그다음 한 주도 이뤄내야겠다는 힘을 얻게 될 것이다.

습관 만들기 행동을 했을 때, 습관이 완성되었을 때, 어떤 보상을 하는 것이 좋겠는지 한번 떠올려 보자. 원하는 것을 갖게 된 즐거운 상상을 맘껏 해보자.

습관에 대한 보상 계획

습관	행동했을 때 (즉시 보상)	습관이 완성되었을 때 (장기 보상)

②

함께 가면
습관이 만들어진다

"함께 가면 멀리 간다"라는 말이 있다. 자연 속에서 이 말을 가장 잘 증명해주는 것이 아마도 기러기의 비행이 아닐까 싶다. 기러기는 한 번에 수만 킬로미터를 이동한다. 이 엄청난 거리를 V자 모양으로 편대를 구성해 날아간다. 이유는 맨 앞에서 리더 역할을 하며 날고 있는 기러기가 만들어내는 기류를 뒤에 따라오는 기러기들이 이용하면 힘을 줄일 수 있기 때문이다. 리더 기러기가 지치면 다른 기러기가 자리를 바꿔 대신하기도 한다. 놀라운 것은 기러기들이 끊임없이 내는 울음소리다. 이 울음소리는 서로에게 지치지 말고 날아가자며 보내는 응원의 메시지다.

스티브 잡스는 "위대한 성공은 절대 혼자의 힘으로 이루어지지 않는다"라고 말했다. 습관 만들기는 빨리 가기보다 멀리 가기에 가깝다. 따라서 의지력이 부족하다고 느끼는 사람일수록 기러기처럼 함께할 무리를 찾는 것이 좋다. 동질감은 정서적으로 어려움을 이겨내는 데 도움이 된다. 큰 습관을 만들고자 할 때는 더욱더 그렇다.

큰 습관을 만들려면 우선 전문가의 도움을 얻어라. 필자는 과거에 운동을 해보겠다고 무작정 헬스클럽에 등록한 적이 있다. 등록 시에 운동을 처음 하니 PT를 좀 해보면 어떻겠냐는 권유를 받았지만 거절했다. 혼자 해도 된다는 일종의 자존심 때문이었다. 그러나 3개월 이용권을 끊어 놓고 2주일 만에 발길을 끊었다. 보관해 놓은 운동화도 찾아오지 못했다. 배움에는 자존심을 내려놓아야 한다. 중국 속담에 "아무리 황금 칠보로 만든 잔이라도 물을 얻기 위해서는 주전자보다 아래에 있어야 한다"라는 말이 있다. 배우려는 사람은 이 속담을 새길 필요가 있다.

아는 만큼 보인다고 한다. 효과가 큰 습관 만들기에는 그에 따르는 지식이 필요한 경우가 많다. 검도에 배움의 단계를 표현하는 '수파리'라는 말이 있다. 수는 스승이 시키는 방법대로 해보는 것이다. 파의 단계로 올라서면 조금씩 나만의 기술이 나오기 시작한다. 리는 나만의 기술을 완성해서 스승의 그늘을 떠나는 단계다. 필자는 혼자서 운동하기 어렵다는 것을 경험하고 나서 PT를 끊어 배우기 시작했다. 스승을 찾은 것이다. 스승에게서 PT를 받고 나서는 운동이 훨씬 재미있어졌다. 그냥 무턱대고 하는 것이 아니라 지금 하는 동작이 어떤 근육에 변화를 일으키는가를 이해하면서 운동하니 더 집중할 수 있었다. 효과적인 방법을 찾기 위해 노력도 하게 되었다. 스승은 이미 제자의 경험을 겪어봤기에 현재 제자의 수준에서 가지고 있는 문제점을 잘 짚어주고 효과적으로 해결하는 데 도움을 준다. 최근에는 각 분야의 스승, 즉 전문가를 쉽게 찾아볼 수 있는 플랫폼이 앱으로도 잘 만들어져 있다. 관심만 있다면 얼마든지 이용해 전문가를 구할 수 있다.

멘토를 만드는 것도 좋은 생각이다. 멘토는 내가 배울 게 있는 사람이고, 정서적으로 기댈 수 있는 사람이다. 직접 만날 수 있는 멘토면 좋겠지만, 저자의 책을 멘토로 만드는 것도 좋은 방법이다. 최근에는 유튜브 등 영상을 통해서도 멘토가 될 만한 사람을 찾을 수 있다. 나에게 긍정적인 영향을 줄 수 있는 사람을 주변에서 찾아보자.

다음으로 함께 습관을 실천할 수 있는 동료를 만드는 것을 추천한다. 될 수 있으면 가족이나 친한 친구, 직장 동료 등 자주 볼 수 있는 사람과 함께하는 것이 좋다. 주변에 열리는 모임에 나가보는 것도 적극 추천한다. 요즘은 여러 분야에서 오프라인 모임이 매우 활발하다. 앱을 통해서 내가 거주하고 있는 지역에서 만들어지는 다양한 모임을 검색해보면 나가볼 만한 모임을 쉽게 찾을 수 있다. 모르는 사람들과의 만남이 어색할 수 있겠지만 한번 용기를 내보자. 일단 한번 나가보고 나와 맞지 않는다는 생각이 들면 다른 모임을 찾아보면 된다. 일정한 주제가 없는 사교형 모임에 비해 비슷한 목적과 관심 분야의 사람들끼리 모이는 테마형 모임은 많은 도움이 될 것이다.

모임에 나가면 크게 3가지 정도의 이득이 있다.

첫 번째로 다른 사람의 의견을 들으면서 관심 분야의 정보를 더 많이 습득할 수 있다. 동일 분야의 사람들이 모여 교류하는 것보다 같은 관심사를 가지고 있는 다른 분야의 사람들이 모이면 다양한 각도에서 해당 주제를 바라보기 때문에 아이디어 면에서 더 큰 시너지 효과를 낼 수 있다.

두 번째는 내가 가지고 있는 생각을 말로 표현하면서 생각을 더 잘 정리할 수 있다. 평소 머릿속에 정리되어 있지 않은 설익은 생각이 있다면 주저하지 말고 누군가에게 적극적으로 이야기해보라. 분명 말로 표현하는 과정에서 더욱 살이 붙어 풍성해지고 체계화되는 경험을 하게 될 것이다.

마지막으로 도전에 대해서 격려받을 수 있다. 동병상련이라고, 다른 어떤 사람들보다 내 처지를 이해해주는 사람이 건네는 응원과 격려야말로 값지고 힘이 있다.

모임도 더 성장하고 발전하기 위해 나가는 것이다. 그래서 모임에 참여할 때는 스스로 몇 가지 행동 원칙을 정할 필요가 있다. 예를 들어 적극적이지만 예의 있게 사람들을 대할 것, 모임을 통해서 필요한 사람과 연결될 기회를 찾을 것, 다른 사람이 모임에 즐겁게 참여하고 소속감을 느낄 수 있도록 먼저 다가가 인사를 나누고 관심과 배려를 쏟을 것 등이다. 어떤 그룹에 소속되어 있는 것은 동기를 지속시키는 강력한 방법이다.

스승, 멘토, 동료 이 모든 것이 마련되었다고 해도 다음과 같은 마음가짐이 없다면 무용지물이다. 즉, 자신이 가지고 있는 습관에서만큼은 고수가 되겠다고 생각해라. "가장 빠르게 배우는 방법은 남에게 가르치는 것이다"라는 말이 있다. 머리로만 생각하는 것과 말을 통해 남에게 가르칠 수 있는 수준은 완전히 다른 차원이다. 습관을 통해서 얻어지는 경험과 지식을 가치 있는 자산으로 만들어라. 그래서 다음에 나와 비슷한 습관에 도전하는 사람에게 멘토가 되어줄 수 있다면 얼마나 즐겁고 의미 있는 일이겠는가? 스스로 고수가 되겠다는 생각은 더 빠르게 성장하는 지름길이라는 사실을 기억하라.

또한 습관을 만들어가는 과정에서는 비난하는 사람을 멀리하라. 부정적인 사고방식에 사로잡힌 사람을 멀리하라. 꿈이 없는 사람을 멀리하라. 내 이야기를 들어주고 격려해줄 수 있는 주변의 좋은 사람들과 함께하는 순간을 늘려가야 한다.

3

플랜 B가 안 되면 플랜 C

'교토삼굴(狡兔三窟)'은 중국 《사기(史記)》 맹상군열전에서 유래한 한자성어다. 영리한 토끼는 평소 도망갈 구멍을 3개 파놓는다는 뜻으로, 위기를 대비해서 여러 대안을 준비하라는 뜻이다. 유비무환(有備無患)이나 거안사위(居安思危)라는 한자성어와 그 의미가 유사하다. 그런데 막상 실제로 위기가 닥쳤을 때는 이를 실천하기가 쉽지 않다.

습관을 만들 때도 마찬가지다. 언제나 예상치 못한 일이 벌어진다. 일상이 늘 계획한 대로만 흘러가지 않기 때문이다. 만약 갑자기 출장을 가게 된다면 어떻게 해야 할까? 하루 이틀이 아니라 15일짜리 장기 출장이고 국내가 아니라 해외라면? 또 코로나 바이러스와 같은 상황이 발생해서 스포츠센터를 나가지 못하는 상황이 된다면 어떨까? 아이가 갑자기 장염이나 폐렴에 걸려 입원하는 바람에 며칠 동안 아이 옆에서 간호만 해야 하는 상황이 된다면? 습관은 지속적인 반복 행동의 산물이다. 이와 같은 상황들이 벌어지면 지속적인 반복 행동이 힘들어진다.

습관에 가장 큰 영향을 주는 것은 환경이다. 며칠 동안이 아니라 환경이 아예 바뀐다면 어떨까? 보통 환경이 바뀌면 나에게 새로운 목표가 주어지고, 그에 따른 자극이 생겨날 가능성이 커진다. 예를 들어보자. 새로운 부서로 발령을 받게 된다면 어떤 변화가 생길까? 새로 맡게 되는 일이나 주변 동료들과의 관계 등 몇 달간은 기존과 다른 환경에 적응하느라 정신없는 시간을 보내야 할 것이다. 이 경우 기존의 습관을 유지하거나 새로운 습관을 만들기는 쉽지 않다. 예를 들어 미래 경력을 위해 자격증 공부를 매일 퇴근 후에 1시간 동안 하겠다는 습관을 지켜나가기는 매우 어렵다. 또 스트레스로 금연 중에 담배를 다시 피우게 될 수도 있다. 기존의 습관이나 목표보다 우선 급한 것을 위해 에너지를 쓰기 마련이다. 환경은 자칫 잘 만들어놓은 기존 습관도 변화시킬 수 있다.

제철소에서 용광로 가동이 멈추는 것은 비상사태다. 용광로가 일주일 정도 멈추면 안에 있는 쇳물이 굳어 자칫 용광로 몸체가 파열될 수 있다. 이것을 복구하려면 최소 3~6개월이라는 시간이 걸린다고 한다. 따라서 사전에 비상사태를 대비해 절대 용광로가 굳지 않도록 대비책을 마련해 놓아야 한다. 의지력도 마찬가지다. 한 번 식어버린 의지력을 다시 불 지피기 위해서는 일정한 시간과 에너지가 필요하다. 이런 이유로 습관 만들기에는 항상 환경 변화에 대비하는 유연성이 필요하다. 이에 대한 몇 가지 방법을 살펴보자.

첫째, 계속 습관을 유지할 수 있는 준비를 하는 것이다. 습관 만들기의 핵심은 연속성에 있다. 이를 통해 얻는 성취감과 자신감이 중요하다. 필자는 한창 운동 습관을 만들 때, 가족여행을 가게 되었다. 운동을 끊을 수가 없어서 결국 차에 6kg짜리 덤벨을 싣고 출발한 적이 있다. 유별나다는 소리를 들어야 했지만 빼먹지 않고 운동을 할 수 있어서 결과적으로 나쁘지 않았다. 만약에 책을 읽어야 한다면 책을 챙겨가고, 책을 챙겨갈 수 없는 상황이라면 전자책이라도 내려받아 놓고 읽어야 한다.

둘째, 대체 행동을 생각하는 것이다. 가령 조깅을 하지 못하는 환경이 되었다고 하자. 운동화나 체육복도 없고, 뛸 장소도 마땅치 않다. 이럴 때는 실내에서 할 수 있는 스쿼트나 런지 등으로 방법을 바꿔보는 것이다. 건강식품을 챙겨 먹지 못하고 출근했다면, 점심 식사는 일부러 채소 위주의 음식을 선택한다. 책을 읽기 어렵다면 그 대신 퇴근 하는 시간에 관련 유튜브 영상을 한 편 시청한다. 이와 같은 대체 행동은 동일한 효과를 낼 수 없다고 하더라도 좋은 점이 있다. 바로 습관 만들기를 포기하지 않았다는 것을 자각할 수 있게 해주는 것이다. 의식적으로 습관을 갖기 위해 노력한다는 신호를 계속 뇌에 보내는 것이 의미 있다. 대체 행동은 아이디어를 내면 얼마든지 만들어낼 수 있다.

셋째, 여러 가지 습관을 실천하고 있다면 가장 중요한 습관을

골라 먼저 한다. 만약 이런저런 노력을 했음에도 불구하고 도저히 습관을 이어나갈 수 없는 상황이 된다면 그때는 당분간 중지하는 것도 한 방법이다. 하지만 여기서 꼭 지켜야 할 것이 있다. 만약 이것을 지키지 않는다면 습관 만들기는 물거품으로 돌아간다. 바로 자신이 어떤 습관을 만들고 있었는가를 항상 기억하는 것이다. 이를 위해 최소한 기억에서 지워지지 않도록 하는 장치를 마련해야 한다. 좋은 방법은 스마트폰 애플리케이션 등을 통해 알람을 활용하는 것이다. 습관을 만드는 행동을 하지 못하고 있는 기간에도 계속 반복해서 알림을 받아야 한다.

어려운 상황 속에서도 습관 실천의 횟수를 줄이거나 양을 줄여서라도 반드시 거르지 않고 넘어가기를 권한다. 아무리 작은 실행이라 하더라도 한 걸음씩 전진하는 것이 승패의 열쇠다. 작은 불씨라도 남겨두면 나중에 다시 큰불을 일으킬 수 있다.

환경이 바뀌면 습관 만들기에 시간 관리 기술이 필요하다. 시간은 크게 준비, 생산, 투자, 충전, 잉여시간의 5가지 유형으로 나뉜다. 전문가들은 특히나 이 다섯 가지 시간 중에 잉여시간을 마련해 놓으라고 충고한다. 일상에서는 언제나 돌발적인 상황이 발생하기 마련이다. 이런 돌발적인 상황을 대비해 필요한 것이 잉여시간이다. 예를 들어 수요일 오후부터 밤까지는 잉여시간으로 배정해 놓는다. 그리고 일상적인 업무를 처리하되 만약에 급한 업무나 만나야 할 약속이 있으면 이 시간을 활용해 일 처리를 하는 것이다.

아예 별도의 시간을 낼 필요 없는 자투리 시간을 활용해 습관을 만들어보는 것도 좋은 방법이다. 이동 시간이나 점심시간 등 환경의 영향을 최소한으로 받을 수 있는 시간을 선택해보는 것이다. 새벽이나 점심시간 등을 활용하면 타인의 영향 없이 온전히 내가 통제할 수 있는 환경을 갖게 된다.

문제가 생겼다고 불평불만에 시간을 쏟지 마라. 어떻게 플랜 B를 가동할 것인가를 고민하고 실천하는 것이 현명하다. 만약 플랜 B가 안 되는 상황이라면 다시 플랜 C를 준비하라. 포기하지만 않으면 된다. 마하트마 간디는 "할 수 있다는 믿음을 가지면 처음에는 그럴 능력이 없을지라도 결국 할 수 있는 능력을 확실히 갖게 된다"라고 했다. 실패는 그 가능성을 줄이는 것이 중요하다. 어떤 상황에서도 선택권은 당신에게 있다는 사실을 명심하라.

4

낙담 금지, 실패는 없다

하나의 습관을 만드는 것은 때로는 긴 여정이 될 수 있다. 여정이 길다 보면 중간에 실패할 수도 있다. 습관 만들기 과정에서 실패했을 때, 우리는 어떤 태도를 보여야 할까? 영국의 역사가 토마스 칼라일(Thomas Carlyle)은 이렇게 말했다.

"인생에서 중요한 임무는 먼 곳을 희미하게 보는 것이 아니라, 확실하게 보이는 가까운 곳에 있는 것을 실행하는 것이다."

유재석의 신인 시절 겪은 하나의 에피소드가 많은 사람에게 공감을 불러일으켰다. 지금은 대한민국 최고의 MC로 오랜 시간 건재하고 있지만, 데뷔 초기 유재석이 방송 울렁증이 있었다는 사실은 널리 알려져 있다. 방송에 나가면 실수하지 말고 잘해야겠다는 생각에만 골몰하다가 정작 카메라 앞에서는 틀리지 말아야지 다짐했던 그 부분에 가서는 꼭 틀리고야 말았다고 했다. 무엇 때문이었을까? 그는 한 인터뷰에서 내일 녹화가 있으면 녹화를 위한 대본 준비를 열심히 해야 하는데, 마음속으로 '내일 실수하면 안 되는데, 내일 틀리면 안 되는데' 걱정만 하고 정작 연습은 하지 않으면서 시간만 보낸 것을 이유로 들었다. 그리고 유재석은 후배들에게 조언했다. 결과를 떠올리기보다는 지금 준비해야 하는 일을 위해 혼신을 다해 노력을 하라고.

우리에게 익히 알려져 있는 유명한 사람들에게는 비슷한 공통점이 있다. 하나같이 실패를 경험한 사람들이라는 점이다. 디즈니 왕국을 건설한 월트디즈니는 젊었을 때 상상력이 부족하고 쓸 만한 아이디어가 없다는 말을 듣고 신문사에서 쫓겨났다. 비틀즈는 1962년도 첫 오디션에서 기타 치는 그룹은 한물갔다는 혹평과 함께 거절을 당했다. 혼다 소이치로는 도요타에 취직하고자 했으나 실패했다. 특히 KFC 왕국을 만든 커널 샌더스의 1,009번째 성공은 유명하다. 스티브 잡스도 자신이 창업한 애플에서 쫓겨나는 신세를 경험했다. 해리포터의 작가 J.롤링도 한때는 기초생활비로 근근이 삶을 이어가는 이혼녀였다.

성공한 사람들의 결과는 정말 매력적이지만, 그 이면에는 수많은 상처와 인고의 시간들로 가득 채워져 있다. 실패는 그래서 성공으로 가기 위한 '과정'이라고 생각해야 한다.

실패하는 사람은 이미 실패를 마음속에 정한다. 무슨 일이 있더라도 내 손으로 끝까지 승부를 보고야 말겠다는 마음을 먹지 않는다. '그냥 해볼까? 안 되면 말고'의 심정으로 시작한다. 굳은 각오를 하고 시작해도 실패하는 게 다반사다. 처음부터 실패하지 않겠다는 생각을 해야 하고 한편으로 실패의 위기가 당연히 찾아온다는 것을 알고 준비해야 한다. 모든 삶을 내 마음대로 통제할 수 없지만, 결코 가볍지 않은 통제력 또한 자신에게 있다는 사실을 믿어야 한다.

실패가 없는 성공은 너무 가볍다. 실패가 없다는 것이 오히려 걱정해야 할 일이다. 실패가 없다는 것은 역설적으로 도전하지 않았다는 이야기가 된다. 실패를 교훈 삼아 새로운 도전을 준비하는 것을 상식으로 받아들여라. 행동에서 개선해야 할 점이 무엇인가를 곰곰이 생각해보라.

심리학자인 앨버트 반두라(Albert Bandura)는 실패에 대한 우리의 태도가 얼마나 중요한지 보여주는 연구를 했다. 두 그룹을 나눠 각각의 그룹에 동일한 관리 업무를 맡겼다. 하지만 한 그룹에는 단순히 관리 능력을 측정하려는 목적이라 설명했고, 다른 그룹에는 이 일이 기술을 향상시킬 수 있는 연습의 기회로 활용하라고 말해주었다. 사실 주어진 업무는 너무나 어려워서 누구나 실패할 수밖에 없도록 설계되어 있었지만, 이러한 사실은 알려주지 않았다. 당연히 참가자들은 다 실패하고야 말았다. 하지만 두 집단의 결과는 달랐다. 관리 능력을 평가한다고 알려준 첫 집단은 실패의 원인을 자신의 능력이 부족한 것으로 느꼈고, 이후 다시 한 번 수행했을 때도 성과는 거의 향상되지 않았다. 그러나 두 번째 집단의 경우, 실패를 학습의 기회로 받아들였고, 재차 시도할 때마다 점점 더 높은 성과를 보였다. 자신감도 첫 번째 집단보다 더 높았다.

물론 반복된 경험과 실패가 무조건 다음번의 성공에 기여하는 것은 아니다. 중요한 것은 실패가 어떤 의미인가를 생각하고 다음 행동에 반영할 때 성장이 찾아온다는 것이다.

실패는 누구에게나 싫다. 자존감이 상처를 받는다는 생각에 두렵고 고통스럽다. 그런데도 무언가를 시도하는 것은 그만큼 가치가 있는 것이다. 심리학에 리프레이밍(Reframing)이라는 것이 있다. 리프레이밍은 실패를 바라보는 관점을 바꿔서 마음의 상태를 바꾸는 훈련이다. 모든 일에는 항상 좋은 면이 있기 마련이다. 좋은 면을 찾는 리프레이밍을 습관화하자.

실패는 내가 원하는 바를 이루지 못한 상태를. 반대로 성공은 내가 원하는 바를 이룬 상태를 이야기한다. 한편으로는 내가 원하는 바가 명확한지를 다시 한 번 생각해봐야 한다. 내가 만들려고 하는 습관이 정말 매력적이지 않거나 내가 지향하는 삶과 맞지 않는 때도 있다. 그때는 다른 습관으로 대체하는 것도 방법이다. 꽉 막힌 도로에서 차량 행렬을 따라가며 시간만 낭비하기보다는 좀 더 빨리 갈 수 있는 우회로가 있는지를 탐색하는 현명함이 필요하다.

한 실험 결과에 따르면 다른 사람의 실패 경험에서 배우는 방법을 추천하기도 한다. 다른 사람의 실패 상황은 나에게 큰 위협이 되지 않기 때문에 사람들은 그 실패로부터 교훈을 삼아 더 배우는 경향이 있기 때문이다. 물론 사람은 실패보다 성공한 경험에서 더 많은 것을 얻을 수 있다. 하지만 늘 성공만 할 수 없는 것이 당신의 삶이다. 실패를 받아들이는 긍정적 태도와 그에 따르는 후속 행동을 시도하는 것이야말로 당신이 가져야 할 가장 중요한 습관이다.

우리 삶은 성공과 실패의 연속이다. 버스 한 번 놓쳤다고 해서 좌절할 필요는 없다. 다음 버스를 타면 된다. 실패에서 새로운 것을 발견하고 배우려는 시도는 다음 버스를 탈 수 있는 표를 사는 것과 같다. 진짜 실패는 실패로부터 배우려 하지 않는 태도라는 사실을 명심하자.

5

뇌가 불쾌해할 때까지

습관 만들기는 언제까지 해야 할까? 얼마나 반복했을 때 습관화가 되었다고 생각하면 될까? 최초로 습관이 만들어지는 데 걸리는 시간을 숫자로 연구한 사람은 맥스웰 몰츠(Maxwell Maltz)가 아닌가 싶다. 그는 성형외과 의사로 일하면서 손발이 절단된 사람들이 그 사실을 받아들이고 사고 이전의 심리상태로 회복하는 데 약 21일 정도가 걸린다는 것을 발견했다. 그리고 이 내용을 저서《성공의 법칙》을 통해 주장했다.

영국 런던대학교 필리파 랠리 교수(Phillippe Lally)는 연구 결과를 통해 기존 습관을 버리고 새로운 습관이 장착되는 데까지 평균적으로 66일이 소요된다고 주장했다. 또 웬디 우드 교수는 저서《해빗》에서 과학자들은 습관의 형성 여부를 보상에 대한 둔감성을 기준으로 삼는다고 밝혔다. 즉, 어떤 행동이 확실히 습관이 되었는지를 알기 위해 보상이 바뀌거나 사라졌을 때, 그 행동이 지속되는가를 확인하는 것이다. 보상을 전과 같이 누리지 못하거나 보상이 아예 없는 상황에서도 그 행동이 지속된다면 비로소 습관이 된 것으로 본다는 의미다. 만약 체중이 10kg이나 감량이 되어 더는 뺄 살이 없음에도 저녁 6시 이후 금식하고 아침마다 20분간 가볍게 달리는 일상이 반복된다면 그것은 삶에 단단히 뿌리 내린 습관이라고 봐도 무방하다는 것이다.

개인에 따라 또 어떤 행동을 습관으로 만드냐에 따라 습관화 기간에는 큰 차이가 있을 것이다. 어느 정도 습관을 몸에 정착시키는데 보통 3주 정도 반복된 행동이 필요하다고 하는데, 필자는 경험상, 이 기간에는 동의한다. 보통 1주일이 지나면 가습관 상태로 들어갈 수 있고, 3주 정도가 지나면 그때부터는 습관화가 되었다고 생각한다. 아무튼, 사람마다 이 습관화 기간이 달라서 객관적으로 평가하기는 어렵다. 습관 만들기 행동을 꾸준히 해나가면서 내적 상태의 변화를 감지하면서 스스로 파악해야 한다. 습관화가 되어가는 변화 상태는 아래 5단계를 참고하기 바란다.

습관 만들기 5단계

구분	주요 상태
1단계	해야겠다는 의욕이 있지만, 두려움이 공존하는 상태
2단계	행동을 반복하면서 포기하고 싶은 욕구가 생기는 상태
3단계	의도적으로 시작해도 하기 싫은 저항감을 느끼지 못하는 상태
4단계	습관화된 행동을 하지 않으면 불편한 상태
5단계	습관이 완전 자동화되고, 다른 습관 만들기를 계속 시도하는 상태

가습관화 단계(1~3단계)

습관 형성 1단계는 해야겠다는 의욕은 있지만, 두려움도 함께하는 상태다. 어떤 자극이나 계기에 의해서 변화해야겠다고 생각을 하고 있으며, 그에 적합한 행동을 선택하여 시도해보고자 하는 단계다.

2단계는 의식의 에너지를 활용해 지속해서 시도하고 있지만, 머릿속에는 끊임없이 뇌의 저항이 발생하는 단계다. 왜 하고 있는지에 대한 부정적 질문이 순간순간 떠오른다. 눈에 띄는 변화가 없기 때문에 반복적인 행동에 대한 회의감이 들기 시작하면서 의지력이 고갈되는 단계라고 볼 수 있다. 주변 환경이 바뀌거나 스트레스 상황이 되면 습관 만들기를 포기하고 원래로 돌아갈 수 있어 주의해야 하는 시점으로 볼 수 있다.

3단계는 행동을 시작하는 데 의식을 사용하나, 변화가 시작되는 단계다. 눈에 보이는 변화가 이루어지면서 즐거움도 느끼게 된다. 행동을 좀 더 효율화 할 수 있는 방법을 고민하기 시작한다. 예를 들어 운동 동작이라면 동작이 좀 더 정교화되고, 빨라지고, 힘이 조절되거나 자세가 안정적으로 되기 시작한다.

습관화 단계(4~5단계)

4단계부터는 습관화 단계라고 말할 수 있다. 습관화 단계에서는 습관화된 행동을 하지 않으면 오히려 마음속에서 불편한 마음이 드는 상태다. 이때부터는 뇌 속에 새로운 신경회로가 생겨 자리를 잡는다. 따라서 행동에 대한 저항감보다는 하지 않는 것을 오히려 스트레스로 받아들이게 된다. 이 단계가 되면 습관을 통해서 삶의 효율이 높아지는 것을 경험하게 된다. 불필요한 시간 낭비가 줄어들고, 습관 형성에 대한 자신감이 생겨난다.

마지막 5단계는 습관이 무의식으로 완전히 넘어가 습관화된 행동이 삶의 일부가 되는 단계다. 자동으로 이루어지기 때문에 감정의 지배를 받지 않는 상태가 된다. 어찌 보면 맹목적으로 행동하는 것처럼 보일 수 있다. 다양한 습관을 동시에 시도할 수 있는 능력이 생긴다. 습관을 활용해 원하는 삶의 방향으로 지속해서 나아가는 최적의 상태가 되는 것이다.

습관이 만들어지는 것은 개인 차이가 있다. 그러므로 습관 만들기 5단계를 참고해 스스로 습관화되는 과정을 점검해보길 바란다. 경험을 통해 대략 어느 정도 시간이 걸릴지 먼저 예상해 보고, 스스로 어떤 단계를 지나고 있는지 체크해 보면서 습관화 정도를 관찰하는 것도 재미있을 것이다. 생각만으로 결과가 좋을지 말지를 알 수 있는 것이 아니다. 또 우리가 어떤 재능을 가지고 있는지 해보기 전까지는 알 수 없다. 실행 과정에서 몰랐던 재능이 툭 하고 나타나는 경우도 있기 때문이다.

습관을 조정하는 기술을 배우는 것은 마음속으로 원하는 그 목표를 위해서다. 큰 근육을 쓸 수 있어야 무거운 것을 들어올릴 수 있다. 큰 근육을 써서 힘을 내려면 꾸준하고 단계적인 기초 체력 훈련이 필요하다. 쉬운 습관부터 서서히 연습해서 큰 습관을 시도하는 단계로 나아가야 한다. '백문이 불여일견'이다. 당신만의 습관 단계를 하나하나 밟아보며 느껴보자.

6

심플 is 베스트, 습관 기록

습관 만들기에 성공하려면 진행 상황을 눈으로 확인하는 것이 가장 좋다. 이를 통해 목표를 달성하기로 한 기한까지 스스로 해내고 있다는 것을 확실히 느껴야 한다. 그 방법으로 스마트폰 앱 등 여러 가지가 있지만, 필자가 사용하는 가장 심플한 방법을 추천하고 싶다. 집에서 흔히 볼 수 있는 탁상용 달력과 펜 하나만 있으면 된다. 벽걸이 달력보다는 탁상용 달력을 추천한다. 탁상용 달력은 이쪽저쪽 옮겨 다닐 수 있고, 집을 떠나 어딘가로 이동하더라도 휴대할 수 있기 때문이다.

습관 만들기에 달력을 활용하면 좋은 점은 다음과 같다.

첫째, 수시로 눈에 보인다. 항상 눈에 보이는 곳에 있는 달력은 행동을 잊지 않고 지속할 수 있도록 해준다. 지속하기 위해서 잊지 않는 것이 중요하다.

둘째, 좋은 보상으로 작용한다. 달성했다는 것을 표시하면서 스스로에게 칭찬과 격려를 할 수 있다. 이런 기분 좋은 행동은 우리 뇌에 보상 회로를 만든다.

셋째, 볼 때마다 동기부여가 될 수 있다. 뭔가 진행되어서 해내고 있다는 것을 눈으로 확인하면서 과거와 달리 점점 변해가는 자신을 발견할 수 있다.

넷째, 더 좋은 방법을 찾아낼 수 있다. 며칠 동안 실천하지 못한 행동을 찾아낼 수 있고, 왜 행동으로 옮겨지고 있지 않은가를 생각해보면서 방법이나 행동, 또 환경 등의 문제점을 파악해 개선해 볼 수 있다.

실제로 습관 달력을 활용하는 방법에 대한 설명

1. 정해진 목표를 달성했을 때

O나 X를 표시한다. 다른 기호를 써도 무방하지만, 직관적인 것이 좋다. 될 수 있으면 실행한 뒤 바로 표시한다. 보상은 즉각적일 때 가장 강력하다. 달성했다는 표시를 하면서 기분 좋은 감정을 느껴라.

2. 실행 여부를 표시한다.

만약 습관이 늘어나면 날짜 칸을 2칸으로 나눠서 각각 실행 여부를 표시한다. 습관이 늘어날 때마다 칸을 늘려나가는 것이다. 습관 행동은 동시에 8개를 넘어가지 않는 것을 추천한다. 습관화에 대한 어려움 정도, 또 행동에 걸리는 시간 등을 고려해 습관을 추가한다.

3. 실천을 점검해 본다

일주일이 지난 다음 한 주의 실천을 점검해 본다. 긍정적인 피드백을 통해서 다음 한 주를 어떻게 진행할 것인가를 계획하는 것도 방법이다. 또 한 달이 지나고 나면 지난달과 비교해보는 것도 자극이 된다.

4. 색다른 펜으로 구분해라

좀 더 노력이 들어가는 특별한 습관을 시도하고 있다면 똑같은 펜이 아니라 다른 색이나 굵기의 펜으로 표시하라. 필자가 매일매일 책 쓰기를 하는 동안에는 그날 분량의 책 쓰기를 마쳤을 때마다 붉은색 굵은 펜으로 색깔을 다르게 표시했다. 문구점에서 쉽게 구할 수 있는 스티커를 붙여주는 것도 좋은 방법이다. 일단 좀 색다르다는 느낌이 들면 더 재미있게 할 수 있다.

5. 별도의 습관 리스트로 만들어 점검해보자

완전히 습관으로 만들어진 행동에 대해서는 달력에서 기록하지 않고 메모장을 활용해 별도의 습관 리스트로 옮겨적는다. 이미 만들어진 습관이라 할지라도 주기적으로 리스트를 들여다보면서 기존의 습관이 잘 진행되고 있는지를 점검해보는 시간을 갖기 위해서다.

습관달력

월	화	수	목	금	토	일
24 ○ × ○	25 ○ ○ ○	26	27	28	29	1
2	3	4	5	6	7	8
9	10	11	12	13	14	15
16	17	18	19	20	21	22
23	24	25	26	27	28	29
30	31					

습관 리스트

습관	시작일	완성일
하루 5페이지 책읽기	20XX. X월. X일	20XX. X월 X일

습관 달력 사례

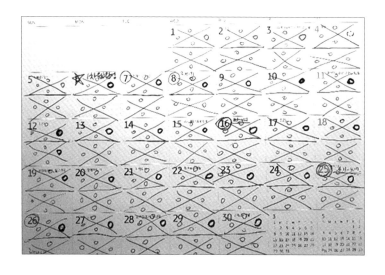

CHAPTER 6

위기 관리

습관 디자인 5단계

1

습관은 유전자도 바꾼다

2013년, 할리우드 유명 배우 안젤리나 졸리가 유방암 진단을 받지 않았음에도 불구하고 유방을 제거했다는 사실이 세계적 이슈가 된 적이 있다. 그녀는 2015년에 난소와 난관까지 제거하는 수술까지 받았다. 안젤리나 졸리가 이런 선택을 한 이유는 바로 유전자 검사 결과 때문이다. 유전자 분석 결과 유방암이나 난소암을 일으키는 것으로 알려진 BRCA1 유전자가 존재하고, 이 때문에 여성 암의 발생 확률이 87%나 된다는 진단을 받았다. 유전자 검사와 안젤리나 졸리의 결정에 대한 엇갈린 견해가 있긴 했지만, 유전자 검사를 통해 암과 같은 무서운 질병도 미리 예방할 기회가 생겼다는 것은 주목할 만한 일이었다.

아무리 다이어트를 해도 좀처럼 살이 빠지지 않는다고 푸념하는 사람들이 있다. 그런데 연구 결과 실제 유전자 중에 뚱뚱이를 만드는 비만 유전자가 존재하는 것으로 밝혀졌다. 비만과 매우 밀접한 관련이 있다고 밝혀진 FTO 유전자(fat mass and obesity -associated gene)

가 있는데, 이 유전자에 변이가 발생하면 식욕이 늘고 지방 세포의 에너지 사용이 줄어들어 체중이 증가한다. 또 1994년 제프리 프리드먼 미국 록펠러대학교 교수는 식욕을 억제하는 호르몬인 '렙틴'을 생성하는 정도가 사람마다 다른데, 이는 부모에게 물려받는 유전자 차이라고 밝히기도 했다.

그렇다면 부모로부터 물려받은 타고난 유전자는 바꿀 수 없으므로 우리의 삶도 고정불변인 것일까? 물론 유전자가 여러 신체적 능력이나 질병 등에 큰 영향을 미치고 있지만, 전부는 아닌 것 같다. 유전자만큼이나 삶에 강력한 영향을 미치는 것이 바로 습관이다.

비만 이야기를 이어가 보자. 건강보험공단 자료에 따르면 식사 속도가 빠른 소아비만 자녀의 경우 부모가 비만인 비율은 43.6%에 달했다. 부모가 비만이 아닌 경우는 2.7%에 불과했다. 급하게 먹는 식사, 장시간의 TV 시청, 적은 움직임 등 소아 비만을 일으키는 습관들은 대개 부모의 영향을 많이 받는다는 점에서 부모가 만든 환경 요인이 소아비만을 일으키는 큰 부분임을 짐작할 수 있다. 전문가들은 자녀의 경우 부모가 가지고 있는 식습관 및 생활 습관 전반을 공유하기 때문에 부모의 영향이 크다고 주장한다.

가족력으로 혈관질환에 취약한 유전자를 가지고 있는 사람이 평소 음식을 짜게 먹고, 술이나 담배까지 즐기는 습관을 지니고 있다면 그렇지 않은 사람들보다 혈관질환에 걸릴 가능성이 훨씬 더 커진다. 필자 가족의 예를 들어보면, 아버지의 두 형제분이 안타깝게도 모두 혈관질환으로 돌아가셨다. 조부모님도 혈관질환으로 세상을 떠나셨다. 현재 아버지도 고혈압 등의 혈관질환을 앓고 계시는데, 이것은 젊은 시절부터 시작된 것이다. 타고난 유전자는 피하기 어렵다. 하지만 아버지는 다른 두 형제분에 비해 비교적 건강하게 오래 살고 계신다. 아버지의 자기 관리는 혀를 내두를 정도다. 아침에 일어나면 어김없이 따뜻한 물 한 잔을 마시고 한 시간 정도 굳어진 몸 이곳저곳을 풀어주는 스트레칭을 한다. 보통 웬만한 거리는 걸어서 다니신다. 꾸준하게 성당 활동이나 모임에 참여해 주변 사람들과 끊임없는 교류를 하고, 매일 저녁이 되면 성경책을 필사하고, 일기를 쓰신다. 필자는 아버지를 통해 나쁜 유전자의 발현도 좋은 습관을 통해 억제할 수 있다고 생각한다.

실제 최근 연구는 치매 발병 유전자를 가진 사람이라도 생활 습관을 바꾸면 치매의 발병률을 매우 낮출 수 있음을 밝혀내고 있다. 디팩 초프라(Deepak Chopra)도 그의 저서 《슈퍼유전자》에서 생활방식을 통해 유전자의 활성화를 통제할 수 있다고 주장한다.

"몸의 상부구조는 우리가 어떻게 살아가는지에 따라 항상 바뀐다. 즉 대부분 사람들이 믿거나 알고 있는 것과 정반대로 유전자 발현은 쉽게 변화한다. 흔히 '그 녀석은 제 부모랑 똑 닮았어', '부전자전이군', '어쩜 제 아비랑 아주 판박이야'라고 말한다. 그런데 이런 표현들은 과연 얼마만큼의 진실을 내포하는 것일까? 인간은 정말로 아주 작은 변화만을 허용하는 생명작용을 반복하는 부모가 물려준 존재의 지속에 불과한 걸까?

이 물음에 대해 신유전학은 아니라고 대답한다. 우리의 모든 선택에 반응하는 뇌처럼 인간의 유전체도 우리의 선택에 계속해서 반응한다. 물론 부모가 물려준 유전자는 평생 변하지도 않는 독특한 청사진이며, 새로운 유전자로 바뀌지도 않는다. 하지만 유전자 활성은 유동적이며, 심지어 변화하는 속도도 빠르다. 유전자는 자신에게 불리한 변화에 예민해서 다이어트나 질병, 스트레스 요인으로도 얼마든지 유전자 활성이 달라질 수 있다. 따라서 매일의 생활방식은 유전자 수준에 지대한 영향을 미치게 된다."

타고난 재능이 아니라 후천적인 노력으로 만든 습관을 통해 자신의 삶을 변화시킨 사례는 너무 많다. 이렇게 해서 성공한 사람을 꼽아보라면 필자의 머릿속에서는 박지성 선수가 떠오른다. 2002년 월드컵 이전까지 박지성의 존재감은 미미했다. 체구가 작아 어렸을 때부터 축구선수로서는 주변으로부터 좋지 않은 평가를 받아야 했고, 대학에서도 받아주지 않아 고생했다. 박지성은 자신의 단점 극복을 위해 남들보다 더 많이 뛰고, 피나는 노력을 한 것으로 알려져 있다. 프리미어리그에서 뛰는 그를 가까이에서 지켜본 영국의 한 신문기자는 '박지성은 후천적 노력으로 만들어진 천재'라며 찬사를 아끼지 않았다.

좋은 유전자를 가지고 태어난 사람이 노력까지 한다면 정말 대단한 사람이 될 수 있는 것은 분명하다. 하지만 습관은 우월한 유전자를 쓸모없게 만들기도 한다. 우리는 지금까지 천재라는 칭송과 함께 인기를 한 몸에 받은 아티스트들이 약물이나 알코올 때문에 너무나 일찍 세상을 떠나버린 안타까운 사례를 수없이 보아왔다. 아무리 운전에 뛰어난 신경을 가지고 있더라도 안전띠를 매는 습관을 지니고 있지 않다면 사고 시에 더 큰 손해를 입게 되는 것은 당연하다.

습관 만들기가 잘되지 않을 때, 나는 안 되는 사람이라는 자괴감을 느낄 수 있다. 하지만 원래 안 되는 사람은 없다. 자신이 열등한 유전자를 가지고 태어났다고 생각한다면 그 유전자를 오히려 습관으로 극복할 수 있다는 생각을 해야 한다.

2

프로와 아마추어의 차이

프로와 아마추어의 차이는 무엇일까? 우선 일을 대하는 태도라고 생각한다. 프로는 그 일로 먹고사는 문제를 해결하는 사람들이고, 아마추어는 즐거움을 위한 취미로 하는 사람들이다. 절실함이 다르다. 절실함 외에 다른 어떤 것이 있을까?

라파엘 나달은 세계 최고의 테니스 선수다. 2000년대 중반부터 로저페더러, 노박조코비치와 함께 남자 테니스계의 빅3 시대를 연 주인공이다. 필자는 그런 나달의 경기를 생각하면 항상 머릿속에 떠오르는 장면이 있다. 바로 그만의 독특한 서브 동작이다. 서브를 준비하는 과정에서 하나도 빼먹지 않고 하는 동작인데, 먼저 엉덩이에 한 번 손을 대고, 왼쪽과 오른쪽 어깨를 번갈아 만진 뒤, 다시 코, 왼쪽 귀, 다시 코, 오른쪽 귀를 차례로 만지고 공을 땅에 3번 튀긴 다음 서브를 넣는다. 만약 첫 번째 서브가 들어가지 않으면 두 번째 서브에서는 어깨를 만지는 것을 생략한다. 상대 선수에게는 꽤 신경이 쓰일 동작이겠지만 언제나 변함없다.

나달은 왜 이러한 행동을 하는 것일까? 그가 하는 행동은 루틴이라 불린다. 루틴이란 규칙적으로 하는 일의 통상적인 순서와 방법이다. 말하자면 습관적인 행동의 연속을 루틴이라고 한다. 루틴과 유사하게 쓰이는 말로 징크스가 있다. 하지만 루틴은 징크스와 구별된다. 징크스는 망치지 않기 위해 하는 행동이다. 시험 날 미역국을 먹지 않는다든지, 중요한 날 특정한 넥타이나 양말을 신는다는 행동을 하는 것이다. 반면 루틴은 최고의 컨디션으로 최대 능력을 낼 수 있는 상태를 만들기 위해 습관적인 행동을 연속적으로 반복하는 것이다. 특히 스포츠 선수들은 자신만의 루틴을 가지고 경기에 임하는데, 미리 정해 놓은 일정한 행동을 하면 집중력이 높아지고 긴장감이 낮아진다고 한다.

작은 습관이 모여 하나의 덩어리인 루틴이 만들어지고, 루틴은 곧 내 생활의 일부가 되어 크고 작은 일들을 수행하게 한다. 역사적으로 루틴으로 유명한 사람이 또 있다. 바로 독일 철학자 임마누엘 칸트다. 칸트는 매일 정해진 시간에 정해진 일과로 하루를 보냈다. 새벽 5시에 일어나 차를 마시고, 오후 1시까지 강의나 글쓰기를 한다. 오후 1시에 식사를 하고 나면 3시 30분에 어김없이 산책을 한다. 그리고 10시에 잠자리에 들어간다. 이런 행동들이 어찌나 정확한지 마을 사람들이 칸트가 산책하는 시간을 기다렸다가 고장 난 시계를 맞추기까지 했다는 일화는 유명하다. 칸트는 최대한 단순화되고 규칙적인 삶이야말로 인간의 능력을 발휘하는 최적화된 상태를 만든다는 루틴의 힘을 알고 있었던 것 아닐까?

어느 분야에서도 루틴은 중요하다. 특히나 직업이 세일즈인 사람에게 루틴은 더욱 중요하다. 세일즈는 자기 자신과의 싸움이라고 말한다. 목표 달성이 중요하기 때문에 과정보다는 숫자로 찍히는 성과로 보여주는 직업이다. 타 업종과 비교해 통제가 덜하여서 업무 환경이 상대적으로 자유로운 편이지만, 관리와 간섭 없는 환경이 오히려 나태와 게으름이라는 나쁜 영향을 불러오기도 한다. 많은 영업사원이 영업에 있어 자신을 스스로 관리하는 것이 가장 중요한 일이면서 어려운 일이라고 말한다.

필자의 경험상 우수 영업사원은 보통의 일반 영업사원과 다른 루틴이 있다. 우수 영업사원의 경우는 매일 아침 같은 시간에 출근해서 같은 행동을 반복한다. 어제의 계약 내용을 검토하고, 만나야 할 고객리스트를 점검한다. 그러고 나면 그날 전화해야 할 사람들의 명단을 체크한다. 아침 전체 미팅이 끝나면 약속된 만남을 위해 빠른 시간 내에 사무실을 떠난다. 그리고 이런 행동을 매일 반복한다. 반면 보통의 영업사원들은 그날그날 하는 행동이 달라진다. 어느 날은 전화부터 시작하고, 또 어떤 날은 옆의 동료와 수다 떨기로 시작한다. 그리고 사고방식도 부정적 루틴이 작동한다. 새로운 상품이 출시되면 우수 영업사원들은 상품의 장점을 찾아 어떻게 고객에게 전달할까를 찾아내는 노력을 습관적으로 하는 반면 보통의 영업사원들은 상품의 단점을 먼저 찾고 잘 팔리지 않을 요소들에 대해 불만을 터트린다.

또 하나 차이는 고객과 상담하는 화법이다. 자신만의 화법이 있느냐 없느냐로 우수 영업사원과 일반 영업사원으로 갈라진다. 영업사원 중에는 소위 에드립으로 영업하는 사람도 있다. 제품을 소개하거나 설득하는 자신만의 표준화된 화법이 존재하지 않는다. 이런 경우 어떤 문제가 있을까? 컨디션이나 감정 상태가 좋을 때는 에드립이 잘 나오지만 그렇지 않은 심리상태에서는 에드립이 쉽게 나오지 않는다. 그러다 보니 매번 영업 결과의 편차가 크다. 하지만 우수 영업사원은 상황에 따라 쓸 수 있는 자신만의 정제된 화법을 가지고 있다. 이런 화법을 통해 자신의 컨디션이나 감정 상태의 영향을 최소화하면서 고객에게 설명하고 설득한다. 물론 화법이 영업 성과의 모든 것을 좌우한다고 볼 수는 없지만 적어도 준비된 상태에서 고객을 만나느냐 그렇지 않으냐는 큰 차이가 있다.

습관은 내가 가진 에너지를 가장 효율적으로 쓸 수 있도록 만드는 과정이기도 하다. 그래서 습관에도 선택과 집중이 필요하다. 하루 중 언제가 가장 컨디션이 좋은가를 생각해보고 그 시간에 습관을 집중시키면 더 효과적이다.

필자의 경우는 아침 6시에서 8시, 밤 8시에서 12시 사이에 컨디션이 가장 좋다. 오전은 오히려 집중력이 떨어지고 오후는 몸이 힘들다. 저녁 식사 이후 잠깐 휴식을 취하고 나면 컨디션이 슬슬 올라온다. 이런 나름의 특성을 파악한 뒤로는 주로 습관을 아침과 밤에 진행하는 것으로 만들었다. 그 시간에는 집중력도 좋기 때문에 더 많은 일들이 습관을 통해 자동적으로 처리될 수 있도록 세팅해 놓으면 효과적이다. 당신만의 컨디션을 체크해보기 바란다.

골프를 칠 때 골프선수의 뇌와 일반인의 뇌를 FMRI(기능적 자기 공명 영상 장치)로 촬영한 사진을 본 적이 있다. 그냥 눈으로 볼 때 프로와 아마추어의 스윙이 별반 다를 것 없이 보였지만, 뇌의 활성화 부위에 있어서 확연한 차이가 보였다. 아마추어 골퍼들은 준비부터 스윙을 마칠 때까지 뇌의 여러 부위가 활성화되는 것으로 나타났다. 스윙하는 순간 다양한 생각들이 동시다발적으로 일어나는 것이다. 반면 프로 골퍼들의 경우는 운동을 담당하는 뇌 부위만 활성화되는 것으로 나타났다. 그만큼 스윙의 순간에 고도의 집중력이 발휘될 수 있도록 훈련된 결과다.

프로는 지루한 반복을 통해 행동이 의식의 통제를 벗어나도록 훈련을 하는 사람이다. 이를 통해 어떤 환경에서도 자동으로 기술이 발휘될 수 있도록 한다. 당신도 습관을 통해 프로로 거듭날 수 있다.

3

나쁜 습관이
다시 고개 들 때

필자는 금연하고 수년이 지났지만, 지금도 가끔 의지와 상관없이 담배를 피우고 싶다는 생각이 들 때가 있다. 담배 피우는 사람의 옆을 지나치는 순간 코끝으로 담배 연기가 살짝 들어올 때, 정신적으로 피곤한 상태에서 먼발치의 누군가가 여유롭게 담배를 물고 있는 모습이 눈에 보일 때. 흡연 욕구가 강하지 않아 의식적으로 알아차리는 순간 사라지지만 적지 않게 당황스러울 때가 있다.

이제껏 금연에 완전히 성공했다고 생각해왔는데, 흡연 습관은 아직도 내 무의식 어딘가에 여전히 존재하고 있었다. 습관이라는 게 그래서 무섭다. 살다 보면 잠시 멈춰 있던 습관, 깨끗이 사라졌다고 생각했던 습관이 부활해 삶을 갉아먹기 시작한다.

필자는 프로야구 보는 것을 좋아한다. 그런데 매 시즌 불특정한 선수들에게 비슷한 현상이 반복적으로 목격된다. 시즌 초반부터 최고의 컨디션으로 연신 불방망이를 휘두르던 선수가 어느 경기부터 갑자기 타격감을 잃어버리더니, 이내 긴 슬럼프에 빠져버리는 것이다. 지금 이 선수가 정말 그 선수 맞나 싶은 생각이 들 정도로 성적이 수직 낙하한다. 전혀 다른 사람이 돼버린다.

슬럼프에 빠진 선수들의 심경을 인터뷰한 내용을 보면 비슷하게 나오는 분석이 있다. 시즌을 준비하는 훈련 기간 동안 고생해서 고쳐놓았던 나쁜 타격 습관이 어느 순간부터 자신도 모르게 다시 튀어나오고, 이걸 신경 쓰다 보니 모든 균형이 망가져 어찌해야 할지 감을 못 잡겠다는 것이다. 애써 없앴다고 생각했는데, 나쁜 습관이 어느 순간 다시 나타나는 이유는 무엇일까? 대략 3가지 상황으로 정리해볼 수 있다.

첫째로 환경적인 요인이 딱 맞아떨어진 상황이다. 습관은 특정한 환경과 결합해서 만들어진다. 과거 습관이 있을 때와 유사한 상황이 재현되어 자극이 나타나는 순간 몸이 반응하게 되는 것이다.

둘째로 스트레스 상황에 빠졌을 경우다. 나쁜 습관은 대개 강력한 보상으로 얽혀 있다. 스트레스 상황이 되면 한시라도 빨리 벗어나고 싶은 마음이 생기고, 자신에게 행복감을 주었던 보상을 떠올리게 된다. 그러면 그것을 얻기 위한 행동을 하게 되는 것이다. 심리학에서 말하는 일종의 '퇴행' 현상이다.

셋째로 생활방식이 바뀌었을 때다. 예를 들어서 몸이 아팠다거나, 오랜 휴가나 출장을 다녀왔을 때다. 그동안 좋은 습관이 반복되지 못했기 때문에 다시 나쁜 습관이 그 자리를 차지하는 것이다.

우선 나쁜 습관이 나타날 때는 그것을 알아차리는 것이 필요하다. 알아차리는 것만으로도 나쁜 습관에 대해 평가할 시간을 갖게 되고, 그렇게 되면 나쁜 습관에 얽매이지 않을 가능성이 커진다. 알아차리고 평가한 습관은 의지력의 힘으로 충분히 극복할 수 있다.

한창 습관을 만드는 도중에 나쁜 습관이 다시 나온다면 어떻게 대처해야 할까?

나쁜 습관에 대한 대처 방법

1. 빠르게 환경을 변화시키는 것이 좋다.

가장 좋은 방법은 장소를 바꾸는 것이다. 집 안에서 나쁜 습관에 대한 욕구를 느낀다면 빨리 집 밖으로 나가라. 스마트폰을 손에서 놓지 못하고 있는 자신을 발견하면 당장 스마트폰을 눈에 보이지 않는 곳으로 치워야 한다. 필자는 스마트폰을 방안으로 들고 가지 않는 규칙을 세웠다. 침대에 누워 좀 쉬는 편안한 상태가 됐을 때마다 스마트폰을 들여다보는 습관이 나타났기 때문이다. 스마트폰이 옆에 없을 때 중요한 알람이나 전화를 놓치지 않기 위해 블루투스 시계를 활용한다.

2. 당신의 나쁜 습관을 대신할 수 있는 행동을 하고 즉시 보상하라.

이이제이(以夷制夷) 전략이다. 스마트폰을 보는 대신 팔굽혀펴기를 한다든지 책을 몇 페이지 본다든지 하는 행동을 해보는 것이다. 특히 나쁜 습관을 떨쳐버렸을 때는 좀 과도하다 싶을 정도의 셀프 칭찬과 같은 좀 더 강력한 보상을 주면 좋다.

3. 주위를 다른 곳으로 돌리는 것도 방법이다.

나쁜 습관이 나왔다는 것을 알아차렸다면 다른 사람에게 연락해 수다를 떨어라. 우리 뇌는 한 번에 한 가지에 집중하게 되어 있다. 주의를 다른 곳으로 분산시키면 그 과정에서 이전 욕구가 자연스럽게 줄어든다.

4. 언제 그런 습관이 나타나는지 상황을 기억하거나 기록하는 것도 필요하다.

객관적인 상황을 적어보고 왜 이런 습관이 다시 나타났는가에 대한 원인을 파악해 다음에 유사한 상황에 대비하는 것이다.

5. 나쁜 습관이 나타났을 때는 자신의 삶을 돌아봐야 하는 신호라고 생각해보자.

의지력이 고갈될 만큼의 큰 스트레스 상황에 노출되어 있지 않은지, 건강 상태가 나빠진 것은 아닌지 등을 점검해 보고 개선의 기회로 활용하는 것도 좋은 방법이다.

6. 혹시 중독이 아닌지 의심해봐야 한다.

중독임에도 불구하고 단순히 습관이라고 단정 짓거나, 스트레스 같은 상황만 개선된다면 언제든지 바꿀 수 있다고 착각할 수 있다. 중독에 빠진 상황이라면 전문가의 도움을 받아 약물이나 심리적 치료, 환경 변화 등의 다양한 방법을 시도해야 한다.

나쁜 습관이 튀어나왔을 때, 그리고 나쁜 습관에 굴복했다고 해서 실패했다고 스스로 생각하지 말라. 하나의 과정으로 받아들이는 마음의 여유가 필요하다. 필자는 습관을 만들어가는 과정을 선과 악의 싸움처럼 끊임없는 갈등상태라고 표현하고 싶다. 나쁜 습관과 좋은 습관이 공존하는 시간이 지나 좋은 습관이 삶에 차지하는 비중이 높아지면 자연스럽게 나쁜 습관은 설 자리를 잃게 될 것이다.

4

변화와 불확실 받아들이기

스티브 잡스가 스마트폰을 세상에 선보인 지 이제 10년이 조금 넘었다. 지금 당신에게 스마트폰이 없던 삶의 기억을 떠올려 보라고 하면 어떨까? 아마도 쉽지 않을 것이다. 지금의 세상은 하나로 연결되어 모든 것이 밀접한 영향을 미치며, 모든 것이 눈코 뜰 새 없이 빠르게 변하고 있다. 1년은커녕 불과 일주일 후에 어떤 일이 벌어질지를 예측할 수 없을 정도다. 2020년 코로나 사태를 봐도 그렇다. 코로나가 발생한 지 불과 몇 달 만에 지구촌 사회 시스템은 마비되었다. 고정된 사고방식과 습관으로는 세상의 변화를 따라잡기 점점 어려워진다.

사실 개인이 변화에 빠르게 적응한다는 것은 그리 쉬운 일은 아니다. '부주의 맹시'라는 용어가 있다. 이는 주의를 한곳에 집중하다 보면 다른 자극에 대해서는 지각하지 못하는 현상을 말한다. 세상이 바뀌고 있다고 누군가는 떠들어대고 있지만 정작 나는 내 관심사에만 정신이 팔려 그냥 한 귀로 듣고 한 귀로 흘리는 식이다. 그리고 시간이 지나서 변화가 삶에 직접적 영향을 미칠 정도로 커져야 비로소 '아 그게 이런 얘기였나?'라고 뒤늦게 깨닫게 된다.

변화에 민감해야 한다. 우리가 애초부터 머릿속에 콕 박아놓고 살아야 하는 것은 불확실과 변화가 삶의 본질이라는 사실이다. 삶에서 죽는다는 사실 빼고는 모든 것이 불확실하다. 아무리 완벽한 계획이라도 실행 과정에서는 예기치 못한 다양한 변수가 발생한다. 그리고 이런 환경 속에서 우리는 끊임없이 변화를 위한 어떤 선택을 해야 한다. 과연 올바른 선택을 하는 방법은 무엇일까?

신영철 의사의 저서 《그냥 살자》에는 북아메리카 인디언 어느 부족의 독특한 성인식 풍습이 소개되어 있다. 이 부족은 결혼할 때가 된 처녀들의 성인식을 옥수수밭에서 치른다. 아침에 해뜰녘에 옥수수밭으로 들어가 가장 크고 튼실한 옥수수를 따서 돌아오게 한다. 이 과정에는 규칙이 있는데, 한 번 지나간 길은 다시 돌아올 수 없고, 한 번 옥수수를 따고 나면 다른 옥수수를 더는 딸 수 없다. 이런 관습은 크고 좋은 옥수수를 찾아오면 그만큼 좋은 배우자를 만날 수 있다는 믿음에서 비롯되었다고 한다. 그런데 이렇게 해서 옥수수를 따오게 하면 하나같이 작고 보잘것없는 것을 따온다는 것이다. 그 이유는 눈앞의 옥수수에 만족하지 않고 더 큰 옥수수가 있을 거라는 생각에 계속해서 더 깊숙이 옥수수밭을 헤매다가 결국 시간이 다 돼 급한 마음에 어쩔 수 없이 눈에 보이는 옥수수를 따오기 때문이다.

선택의 문제에 있어 이와 비슷한 결과는 현실에서도 비일비재하다.

모든 선택에는 타이밍이 있다. 변화를 대하는 올바른 태도는 무엇일까? 변화의 순간 가장 최악의 행동은 아무것도 하지 않는 것이다. 우리나라 역사에도 세상의 변화에 대해 빗장을 걸어 잠그는 쇄국정책으로 나라까지 빼앗기는 고통의 역사 속에 신음했던 시기가 있었다. 변화의 필요성이 감지되었다면 최고의 선택보다는 최선의 선택을 하는 것이 옳다. 최고의 선택이 완벽이라면, 최선의 선택은 완성을 추구하는 것이다. 일단 완성하고 미비점을 보완하고 수정해 나가는 전략을 택해야 한다. 최근에는 소프트웨어뿐만 아니라 실물의 제품들이 베타 버전이라는 이름을 달고 나온다. '베타 버전'은 불확실을 대하는 좋은 방법이다.

변화에는 적극적으로 대해야 한다. 많은 사람들이 변화에 소극적으로 대한다. 소극적인 변화는 자기 스스로가 아니라 어쩔 수 없이 따라가는 변화다. 생각이 바뀌지 않는 변화이기 때문에 그저 남이 하는 대로 또는 시키는 대로 마지못해 따라가는 것이다. 이런 태도의 문제는 적응할 만하면 또 다른 변화가 찾아온다는 것이다. 이러다 보니 계속 끌려다니기만 하는 삶이 연속된다. "달걀은 스스로 깨지면 닭이 되지만, 남에 의해 깨지면 프라이가 되고 만다"라는 사실을 기억하라.

삶의 모든 것이 확실하기만 하다면 재미라는 것이 있을까? 불확실 속에서 도전하며 능력을 펼칠 때 삶은 흥미진진해질 것이다. 우리가 발붙이고 사는 지구 자체가 끊임없이 변화하는 존재다. 지구는 적도를 기준으로 시속 1,675km, 초속 약 465m라는 엄청난 속도로 서에서 동쪽으로 회전하고 있고, 태양의 둘레를 초속 30km의 속도로 공전하고 있다. 만약 이런 지구가 움직이지 않고 멈추어 버린다면 어떻게 될까? 아마도 엄청난 재앙이 찾아올 것이다. 이처럼 변화 그 자체가 자연의 섭리다. 그러므로 변화하지 않는 삶은 자연의 섭리를 어기는 것이다.

호박벌은 몸길이가 평균 20mm 정도로 작지만, 벌 중에서 제일 부지런하다. 날아다니는 거리도 가장 긴 곤충이라고 한다. 하지만 호박벌은 과학의 관점에서는 미스터리한 존재다. 몸집과 비교해 날개가 너무 작아서 공기역학적으로는 절대 날 수 없는 구조이기 때문이다. 하지만 호박벌은 이런 과학적 불가능을 무시한 채 잘만 날아다니고 있다. 호박벌이 날 수 있는 이유가 "아무도 호박벌에게 날 수 없다는 사실을 알려주지 않아서"라며 우스개로 말하는 사람도 있다. 근거 없는 얘기지만 한편으로 의미심장하다.

현재는 과거에 많은 사람이 절대 이루어질 수 없다고 확신했던 일들로 가득 차 있다. 몇 가지 사례를 살펴보자. 2007년 마이크로소프트의 스티브 발머(Steve Ballmer)는 "아이폰이 높은 시장 점유율을 가져갈 가능성은 없다"라고 주장했다. 이후 아이폰은 스마트폰 시장을 장악했고, 마이크로소프트도 뒤늦게 윈도우 폰을 출시했지만 결국 고전을 면치 못했다. 컴퓨터 회사 DEC를 공동 설립한 미국 엔지니어 켄 올슨(Ken Olson)은 1977년 개개인의 집에 컴퓨터가 있어야 할 이유는 없다고 자신만만하게 주장했다. 1980년대 세계 2위의 컴퓨터 회사였던 DEC는 사업용 컴퓨터 비즈니스에 매달리다가 결국 1998년 문을 닫았다. 그 이전으로 거슬러 가보면, 1920년 뉴욕타임스는 로켓은 절대 지구 밖으로 나갈 수 없을 것이라는 기사를 냈다. 하지만 37년 뒤인 1957년 10월 로켓 우주 발사에 성공했다.

지금도 누군가는 불가능을 현실로 만들어내기 위한 호박벌의 날갯짓을 하고 있을 것이다. 세상은 이렇게 한판 붙어봐야 결과를 알 수 있는 일들이 많다.

경제학자 조셉 슘페터(Joseph Alois Schumpeter)는 창조적 파괴를 주장했다. 창조적 파괴란 낡은 것을 계속해서 파괴하고, 이를 바탕으로 새로운 것을 끊임없이 창조해가면서 경제 구조를 혁신해가는 산업개편 과정을 뜻하는 경제학 개념이다. 불확실성을 극복하는 최선의 법은 스스로 변화를 만들어내는 것이다. 어쩌면 호박벌도 불확실성 속에서 날기 위해 스스로 변화를 만들어냈을지도 모른다. 여하튼 그런 면에서 습관에도 창조적 파괴가 필요하다. 낡은 습관을 없애는 것에서 멈추는 것이 아니라 그 자리를 새로운 습관으로 스스로 채워가면서 인생의 가치를 올려야 한다.

5

위기는 위험과 기회

위기는 위험과 기회가 합쳐진 말이다. 이 두 글자를 놓고 누군가는 위험만을 생각하고, 누군가는 기회를 찾아낸다.

사과 생산지로 유명한 일본 아오모리에 태풍이 불었다. 수확을 앞둔 사과들이 태풍에 큰 피해를 보았다. 많은 농부들이 고개를 떨구고 바닥에 떨어져 버린 사과 앞에 망연자실했지만, 한 농부는 고개를 들어 기회를 찾았다. 태풍에도 떨어지지 않고 가지에 매달려 있는 사과를 본 것이다. 절대 떨어지지 않는 사과를 보고 기가 막힌 아이디어가 떠올랐다. 태풍도 견뎌낸 사과, 먹으면 시험에서 절대 떨어지지 않는 합격 사과! 합격 사과는 기존 사과의 10배 가격으로 날개 돋친 듯 팔려나갔다.

2003년 사스가 중국 전역을 강타했다. 감염병 공포로 너도나도 집 밖에 나가길 두려워했다. 하지만 온라인 쇼핑 시장은 달랐다. 알리바바의 타오바오, 징둥 등 중국의 대표적 전자상거래 업체들이 이 시기에 몸집을 불렀다. 특히 알리바바의 그해 매출은 전년 대비 5배

이상이 뛰었다. 9개월 동안 5,327명 확진 349명 사망. 사스가 휩쓸고 지나간 자리에서 마윈의 알리바바 신화가 탄생했다. 우리나라에서도 2015년 메르스 사태를 계기로 소셜커머스 대표기업으로 성장한 '쿠팡'의 사례가 있다.

스티브 잡스는 자신의 손으로 일군 애플에서 쫓겨났다. 그 후 픽사에서 얻은 경험을 바탕으로 다시 애플에 복귀해 애플을 세계 최고의 기업으로 재도약시켰다. 국내 굴지의 바이오제약 기업 셀트리온을 이끄는 서정진 회장도 위기를 기회로 바꾼 사람이다. 서 회장은 과거 32세 대우그룹 최연소 임원 타이틀을 보유하면서 샐러리맨의 전설을 써내려갔지만, IMF로 하루아침에 실업자 신세가 되었다. 그 후 절치부심하여 3년 만에 대우차 동료와 셀트리온이라는 회사를 세웠다. 가맹점만 2,000개가 넘는 국내 토종 커피 브랜드 이디야 커피를 세운 문창기 대표도 IMF를 계기로 회생한 주인공이다. 그는 다니던 직장인 동화은행이 IMF로 문을 닫는 바람에 기회를 얻게 되었다. 각자의 삶에 위기가 없었더라면 이런 성공에 도전할 수 있었을까?

위기는 기업에 오히려 신뢰를 견고히 하는 계기가 된다. 1982년 미국에서 충격적인 사건이 발생했다. 타이레놀에 누군가 청산가리를 집어넣어 이를 복용했던 일리노이 시카고의 주민 7명이 사망했다. 타이레놀을 만든 회사인 존슨앤드존슨은 이 사실을 알게 된 즉시 시중에 타이레놀 캡슐이 들어 있는 병 3천100만 개를 수거하고 고객에게 무료 교환을 해주었다. 이런 대규모 리콜은 당시 전례가 없는 일로 뜨거운 화제가 되었다. 이 사건으로 사람들은 타이레놀이 재기 불능이 될 것이라고 전망했지만, 이런 적극적인 위기 대처 행동은 오히려 타이레놀의 시장 점유율을 다시 급작스럽게 상승시켰다.

성공한 사람이나 기업은 어떻게 위기 속에서 기회를 찾아낼 수 있었을까? 위기가 왔을 때 머릿속에서 자동으로 기회는 무엇일까를 생각하는 습관 덕분이다. 그렇다면 어떻게 해야 위기를 기회로 바꾸는 습관을 지닐 수 있을까?

위기를 기회로 바꾸는 습관

1. 자신에게 답을 찾는 습관

위기는 모든 사람에 똑같이 오지 않는다. 누군가에게는 절체절명의 위기가 누군가에게는 아무 영향을 미치지 않기도 한다. 결국, 위기는 나와 일대일의 관계이고, 결국 자신이 해결해야 하는 문제다. 위기 자체를 탓하거나, 자꾸만 외부에서 요인을 찾거나 자책하기보다는 자신의 행동에 대해 성찰해야 한다. 나아가 지금 벌어진 상황에 눈을 두는 것이 아니라 앞으로 어떻게 헤쳐나갈 것인가를 대처하는 방법에 눈을 돌려야 한다.

2. 할 수 있는 것에 집중하는 습관

위기 때는 수많은 정보가 생산된다. 때로는 근거 없는 부정확한 정보들이 난무하기도 한다. 대량의 정보는 오히려 판단력을 흐리게 하고 갈팡질팡하게 만든다. 조급한 마음에 뭐라도 해야 한다는 강박관념에 사로잡혀서 잘못된 선택을 할 수 있다. 차분한 마음으로 상황을 다시 바라볼 필요가 있다. 지금 내가 해야만 하고 할 수 있는 일에 집중하겠다는 마음을 갖는다. 메이저리그에 진출한 류현진 선수도 한 인터뷰에서 좋은 성적을 내는 이유를 묻는 말에 마운드에 올라서면 자신이 통제할 수 있는 상황에만 집중하는 것이라고 답했다.

3. 주변을 돌아보는 습관

하나에만 집중하다 보면 주변을 살필 여유가 없어진다. 터널을 빠른 속도로 달리면 터널 끝 출구의 빛만 보이고 주변은 다 까맣게 보이는 현상을 터널 시야 증후군이라고 한다. 터널 시야 현상은 사고의 확률을 높인다. 나를 둘러싼 변화에 둔감해지거나 무시하게 된다. 이를 예방하려면 늘 외부와의 연결에 개방된 마인드가 중요하다. 신뢰할 만한 사람을 곁에 두고 때때로 조언을 듣는 것도 방법이다.

4. 내 것으로 갖다 붙이는 습관

위기는 기존의 방법으로는 해결할 수 없는 문제 상황이다. 기존과 같은 방법으로 극복할 수 있다면 위기라고 할 수 없다. 새로운 방법이 필요하다. 세계적인 화가 파블로 피카소는 "뛰어난 예술가는 모방하고, 위대한 예술가는 훔친다"라고 말했다. 헨리 포드는 자동차 대량 생산을 고민하던 중 돼지를 도축하고 가공하는 장면을 보고 자동차 생산과 연결시켜 컨베이어 벨트 시스템을 고안했다. 구텐베르크는 포도즙 짜는 기계를 보고 자신이 고민하던 인쇄기의 결정적인 아이디어를 얻었다. 어떤 상황에서도 '저것을 나한테 붙이면 뭐가 달라질까?'를 생각하는 습관이 필요하다.

뇌는 항상 익숙하고 게으른 것을 추구하지만, 우리가 어떤 위협을 느끼거나 심각한 불편을 느낄 때 방어 태세를 갖춘다. 위기는 잠자는 뇌를 깨우는 긍정적 역할을 한다. 진화냐 도태냐의 여부는 위기를 겪으면서 결정된다. 위험을 기회로 바라보는 태도와 습관을 만들자. 위기는 언제나 그 속에 성공의 씨앗을 담고 있다.

6

삐! 습관을 교체할 시간

운동 시합에서 승패를 좌우하는 사람은 경기장에 뛰고 있는 선수가 아니라 경기장 밖에 있는 감독이라는 말이 있다. 감독이 경기에 직접적 영향을 미칠 수 있는 가장 강력한 힘은 바로 선수 교체다. 선수 하나로 인해 경기의 흐름이 완전히 달라지기 때문이다. 그래서 교체 타이밍에 대한 감독의 판단은 매우 중요하다. 습관도 마찬가지다. 삶을 좋은 방법으로 이끌어가기 위해서는 습관을 바꿔야 할 타이밍을 잘 잡아야 한다는 사실도 염두에 두어야 한다.

딕 포스베리(Dick Fosbury)는 1968년 멕시코 올림픽에서 전 대회 챔피언이자 강력한 우승 후보였던 소비에트 연방의 발레리 브루멜(Валерий Николаевич Брумель)을 제치고 높이뛰기 금메달을 따냈다. 그가 선보인 포스베리 플롭이라고 불리는 높이뛰기 자세는 전에 없던 완전히 다른 방식이었다. 이 때문에 처음 이 광경을 목격한 사람들은 포스베리에게 야유와 함께 품위 있지 못한 모습이라고 비웃어

댔다. 하지만 육상 전문가들은 딕 포스베리가 성공을 거듭하자 얼마 있지 않아 그의 방식이 훨씬 더 높이 뛸 수 있는 방식이라는 사실을 인정했다. 딕 포스베리는 이전까지 자신이 가지고 있던 높이뛰기 습관을 완전히 바꿔 새로운 도약을 할 수 있었다. 그 '품위 없는' 높이뛰기 방식은 현재 높이뛰기의 정석으로 자리 잡은 '배면뛰기'였다.

습관은 때로는 변화의 걸림돌이 된다. 하지만 이런 저항이 두려워 바꿔야 하는 타이밍을 잡지 못한다면 계속해서 그 수준을 벗어나지 못한다. 그래서 습관을 대하는 유연성이 필요하다. 아무리 노력을 통해 몸에 정착된 습관이라 하더라도 언제든 성장에 도움 되지 않는다고 판단된다면 그 습관을 버리고 다른 습관으로 전환할 수 있어야 한다. 습관은 나를 위해 쓰이는 도구일 뿐이다. 주객이 전도되는 일이 없어야 한다. 내가 습관으로 인해 불필요한 고정관념을 갖게 된 것이 아닌지 의심해야 한다.

필자가 유튜브에서 재미있게 본 영상이 있어 잠깐 소개한다.

딸 : 아빠 지금 나가 놀아도 돼요?
아빠 : 안 돼!
딸 : 왜요?
아빠 : 지금은 새벽 5시야, 너무 일러.
딸 : 왜요?

아빠 : 아직 해가 안 떴으니까!

딸 : 왜요?

아빠 : 왜냐하면 해는 좀 더 이따가 뜨니까!

딸 : 왜요?

아빠 : 지구가 자전해서 얼마 정도 돌면 해가 뜰 거야.

딸 : 왜요?

아빠 : 아빠도 몰라.

딸 : 왜요? 왜 몰라요?

아빠 : 학교에서 제대로 공부하지 않았거든.

딸 : 왜요?

아빠 : 아빠는 늘 마음이 떠 있었거든.

딸 : 왜요?

이후에도 딸의 질문과 아빠의 대답은 이어진다. 귀여움 뚝뚝 떨어지는 딸의 계속되는 질문에 답하느라 점점 곤혹스러워지는 아빠의 모습이 갈수록 웃음을 자아낸다. 결말이 궁금한 사람은 유튜브에서 '아빠 딸 why'라는 키워드로 검색해 동영상을 시청해 보기 바란다. 필자가 이 영상을 기억하는 이유는 새벽 5시에 밖에 나가서 노는 것은 안 된다는 아빠의 고정관념이 딸의 계속된 질문을 통해 흔들리는 모습이 무척이나 흥미로웠기 때문이다. 이처럼 고정관념에서 벗어나기 위해서는 끊임없이 지금 방식이 옳은지에 대해 질문을 던져야 한다.

필자는 몇 년 전 도자기 만드는 체험을 한 적이 있다. 도자기 만들기에서 반죽은 가장 재미없고 지루한 과정이다. 도예 선생님이 그런 마음을 눈치 챘는지 반죽은 도자기를 예쁘게 굽는 것보다 훨씬 중요한 과정이라고 말씀을 해주셨다. 반죽이 잘되지 않으면 흙과 흙 사이에 공기가 들어가고 이 상태에서 모양을 빚어 구워내면 균열이 생겨 도자기가 쉽게 깨지기 때문이라는 것이다. 반죽이 그저 흙을 뭉치는 작업이 아니라 평생 간직할 수 있는 튼튼한 도자기를 얻어내는 중요한 기초 과정이라는 이유를 알고는 반죽을 무척 열심히 했던 기억이 있다.

반죽이 왜 중요한지 의문을 품어야 하듯이, 왜 이 습관이 필요한지 가끔 질문할 필요가 있다. 과거에 만들어 놓은 습관이 아직도 유효한가? 이제 바꿔야 할 때가 된 것은 아닌가?

살면서 만난 인상 깊었던 외국인이 있다. 그는 독일인이었고, 필자가 만난 당시 한국에 6개월째 살고 있었다. 그와 함께 식사할 자리가 있었는데, 하필 식당이 다리를 접고 바닥에 앉아야 하는 구조였다. 불편하지 않을까 걱정했지만 그런 걱정이 무색할 정도로 그는 너무 자연스럽게 양반다리를 하고 앉았다. 더 놀라웠던 것은 자리에 앉자마자 한 행동이었다. 테이블에 놓인 컵에 차례차례 물을 따라 각자의 자리에 놓아준 다음 수저통을 열더니 냅킨을 한 장씩 깔고 그 위에 정성스럽게 수저와 젓가락을 놓아주는 것이다. 억지스럽지 않은 자연스러움, 우리의 정서와 식사 예절을 그대로 따르는 모습에 그 사람이 특별하게 보이기 시작했다. 쉽지 않았을 텐데 변화된 환경에 적응하는 그의 모습은 아직도 잊히지 않는다.

차동엽 신부가 쓴 《바보존》에는 영국의 비평가 러스킨의 사례가 나온다. 러스킨이 옥스퍼드 대학에 강의를 하러 가는 길이었다. 가는 동안 비가 내리고 길이 좋지 않아 흙탕물이 옷에 튀었다. 강의실에 도착한 러스킨이 빗물을 털며 학생들에게 물었다.

"여러분은 왜 경제학을 배우는 겁니까?"

갑작스러운 질문에 당황한 학생들 사이에서 한 학생이 손을 들며 러스킨이 가르쳐 준 대로 대답했다.

"경제는 자신과 다른 사람의 이익을 추구하는 것이라고 배웠습니다."

러스킨이 미소를 띠며 다시 물었다.

"내가 이 강의실로 오는 동안 길이 좋지 않아서 무척 애를 먹었다면 어떻게 해야 한다고 생각합니까?"

"그야 당연히 길을 닦아야 합니다."

"그러면 당장 나가서 길을 닦읍시다."

러스킨은 말을 마치자마자 학생들을 데리고 나가 보수 작업을 했다. 이후 옥스퍼드 대학에서는 "학문이란 반드시 실천돼야 한다"는 러스킨 교수의 가르침을 받들어 그 길을 '러스킨의 길'이라고 불렀다. 러스킨은 머리만 꽉 찬 오늘의 가분수 기형인들에게 그 치유책을 모범으로 보여주었다. '지금 당장!' 이것이 명교수가 몸으로 보인 명강의였다.

결국 이기는 힘

과학 용어에 '에너지 보존 법칙'이 있다. 운동, 열, 소리, 빛 등의 에너지는 갑자기 생겨나지도 않고 사라지지도 않는다. 그저 모습만 바뀌어서 나타날 뿐이다. 에너지가 다른 에너지로 바뀔 때, 바뀌기 전과 바뀐 후 에너지의 총합은 항상 일정하게 나타난다는 것이 에너지 보존 법칙이다.

필자는 이 에너지 보존 법칙에 따라 과거의 행동도 에너지 형태로 어딘가에 존재하고, 그 에너지들이 현재의 삶에 영향을 주고 있다고 생각한다. 따라서 바라는 미래가 있다면 그 미래를 만들어낼 수 있는 에너지를 지금부터 차곡차곡 쌓아야 한다. 내가 보내는 일분일초가 중요하다. 나폴레옹은 "우리가 어느 날 마주칠 불행은 우리가 소홀히 보낸 지난 시간에 대한 보복이다"라는 말을 남겼다.

등산가들은 산을 오르는데 2가지 관점이 있다고 한다. 바로 등정주의와 등로주의다. 등정주의는 말 그대로 얼마나 많은 산을 정복했는가를 기준으로 삼는 것이다. '최초 히말라야 14좌 완등'과 같은 결과를 중시한다. 한편 앨버트 프레드릭 머메리(Albert Frederick Mummery)가 주장해 흔히 '머메리즘'이라고 불리는 등로주의는 등산의 과정을 중요시한다. 등로주의는 산을 오르며 장애와 어려움을 극복해 나아가는 과정 자체를 목적으로 하기 때문에 기존에 남들이 시도하지 않았던 다양하고 어려운 루트를 개발하는 것을 중요시한다.

이러한 등정주의와 등로주의는 인생을 바라보는 관점에도 적용될 수 있다고 본다. 필자가 나의 인생을 바라보는 관점은 등로주의에 가깝다. 삶에서 달성해야 할 목표를 갖는 것은 의미 있고 필요한 일이다. 그러나 인생은 하나의 목표를 이루었다고 끝나는 게 아니다. 목표 다음에는 또 다른 목표가 생기기 마련이다.

따라서 목표 자체보다는 목표를 달성해가는 과정에서 수많은 도전과 그 도전을 통해 얻어지는 성장이 중요하다고 생각한다. 무슨 일이든 '그냥 한번 해보고 안 되면 말지'라는 태도는 곤란하다. 작고 하찮은 일이라도 최선을 다하는 태도가 있어야 한다. '살다 보니 쓸데없다', '별 도움 안 된다' 생각해 소홀하게 대했던 일들이 어느 순간 '그때 제대로 해놓을걸', '제대로 배워놓을걸' 하는 후회를 불러일으킬 때가 종종 있다. 하찮은 일이라고 가치 없게 여겨 대충 넘기면서 적당히 타협하고 보낸 시간이 하나씩 둘씩 쌓여 지금은 새로움을 향해 한 발짝도 내디딜 수 없는 마음 상태를 만들지 않았는가?

당신이 원하는 삶은 불가능하지 않다는 믿음을 가져라. 그 삶과 지금의 모습 사이에 거리가 좀 멀리 떨어져 있을 뿐이다. 그 틈을 줄일 방법을 찾아야 한다. 틈을 메우는 방법은 습관을 디딤돌 삼는 것이다. 하나씩 하나씩 습관의 힘을 활용해 포기하지 않고 끝까지 계속할 수 있다면 언젠가 이루게 될 것이다. 당신의 삶은 모래처럼 손에서 사라지는 삶이 아니라 돌덩이처럼 묵직하게 자리 잡는 삶이 될 것이다. 작가 김홍신은 '단련'에 대해 이런 말을 했다.

"단은 천 번 연습하는 것이고, 련은 만 번을 연습하는 것입니다. 철을 두드릴 때도 천 번을 두드리면 '단'이고 만 번을 두드리면 '련'이 되는 거예요. 그런 단련 없이는 무엇도 될 수가 없어요."

단련이 돼야 깨지지 않는다. 승리에는 우연이란 있을 수 없다.

뜨겁게 지져봐라
나는 움직이지 않는 돌덩이

거세게 때려 봐라
나는 단단한 돌덩이

깊은 어둠에 가둬봐라
나는 홀로 빛나는 돌덩이

부서지고 재가 되고 썩어 버리는 섭리마저 거부하리

살아남는 나

나는 다이아

_웹툰,《이태원 클라쓰》대사 중

　자신이 원하던 삶을 손에 넣은 사람들은 수백, 수천 번의 반복된 두드림만이 삶을 성공으로 만들어준다는 원리를 실천한 사람들이다. 불안과 두려움, 그리고 귀찮음의 파도가 머릿속에서 일렁일 때, 그 흔들림을 묵묵히 견뎌낸 사람들이다. 파도가 사라지고 나면 어느 때부터 순풍에 돛단 듯이 원하는 목표를 향해 인생이 흘러가리라는 것을 믿었던 사람들이다. 연금술을 찾아 멀리 헤매지 마라. 습관이야말로 인생을 황금으로 만들어주는 당신의 연금술이다.

　망설이지 말고 시작해야 한다. 파도가 밀려오는 바닷가에 뛰어들까 말까를 고민하지 말자. 일단 바닷물에 몸을 던져보자. 젖은 옷은 갈아입으면 그만이다. 매일 두려운 일을 해야 한다. 대개 우리가 두려워하는 일은 꼭 해야 하는 일인 경우가 많다.

　지금 당장 넘어뜨려야 하는 눈앞의 도미노는 무엇인가? 책《원씽》에는 도미노의 놀라운 위력이 소개되어 있다. 도미노 한 개는 넘어지면 자신보다 1.5배 큰 다음 도미노를 넘어뜨릴 수 있다. 만약 5cm로 시작한 도미노라면 18번째 넘어지는 도미노는 피사의 사탑만큼 클 것이고, 서른 번째 도미노는 에베레스트산보다 900m나 높은 도미노가 될 것이다. 그렇게 해서 쉰일곱 번째 도미노에 이르러서는 말 그대로 지구에서 달까지 다리를 놓을 만큼 큰 도미노를 쓰러뜨리게 된다. 이게 삶에서 변화를 이뤄내는 원리다. 당신이 할 일은 그 첫 번째 도미노를 찾아서 쓰러뜨리는 것이다. 그것이 결국 이기는 힘이다.

나가는 말

새는 알에서 나오기 위해 투쟁한다. 알은 새의 세계다.
태어나려는 자는 하나의 세계를 파괴하지 않으면 안 된다.

_《데미안》 중에서

당신은 어떤 세계를 꿈꾸고 있는가? 인생은 꿈을 실현하기 위한 끊임없는 과정이다. 과정은 변화를 전제로 한다. 변화, 그것은 세상이 돌아가는 섭리다. 불확실의 시대, 확실한 것은 변화를 위해 행동해야 한다는 사실뿐이다.

변화는 고요하고 때로는 지루하다. 하지만 변화의 순간까지 가본 사람은 안다. 그 끝에는 언제나 새로운 세상으로 연결된 문이 있다는 것을. 중요한 것은 헛되이 포기하지 않는 것이다. 물도 끓어 오르기 위해서는 임계점까지 온도를 올릴 수 있는 열이 필요하다. 끓는 물이 되어야 비로소 음식을 익히고 맛을 변화시키는 제 역할을 할 수 있다. '습관'은 삶이 끓어올라 변화할 때까지 태워야 하는 장작과 같다.

이 책을 쓰기로 작정했을 때, 평범한 내가 정말 책을 낼 수 있을까 하는 두려움이 앞을 가로막았다. 엄두가 나지 않았다. 그래서 생각을 바꿨다. 책을 내보겠다는 부담보다 평생 글 쓰는 습관을 만들어 보자고 마음먹었다. 그리고 그저 매일매일 빠짐없이 쓰기를 반복하며 글쓰기 습관이 만들어지는 과정 자체를 관찰하고 즐겨보고자 노력했다. 그런 습관은 결국 시간과 만나 세상에 존재하지 않았던 책 한 권을 내 손에 쥐어주는 놀라운 변화를 만들어냈다.

내가 경험한 습관 만들기 과정을 좀 더 쉽게 이해할 수 있도록 5단계로 설명하고자 노력했다. 물론 이 단계가 모든 상황에서 적용되지는 않는다. 하지만 습관에 대해 좀 더 잘 이해하고 실천해볼 수 있도록 제시한 것이니 참고하기를 바란다. 작은 행동이라도 좋으니 습관 만들기에 도전해본다면 좋겠다. 당신의 바람과 의도로 만들어낸 습관이 당신의 삶을 변화시키는 그 맛을 느껴야 한다. 그 맛을 보고 나면 점점 습관의 매력에 빠져들게 될 것이다. 그렇게 작은 성공이 쌓이면 더 큰 것에 도전할 수 있다는 자신감과 배포가 생긴다.

누구에게나 가슴속에 담고 있는 희망이 있을 것이다. '언젠가 때가 되면 시작해야지'라고 생각만 하며 오늘도 만족스럽지 않은 삶을 반복하고 있지 않은가? 좋은 때를 기다리는 것만큼 위험한 것은 없다. 언제나 지금이 시작하기 가장 좋은 때다. 시작해야 한다. 모든 시작은 위대하다. 용기가 필요하기 때문이다. 현실에 안주하고 싶어 하는 뇌가 보내는 불편함과 두려움의 신호를 극복하고 한 발짝을 떼는 용기를 발휘하길 바란다. 그 용기에 머지않아 당신의 뇌는 길들여질 것이다. 평범하다고 생각하는 당신이 성공한 사람이 되기 위해 기댈 수 있는 최고의 조력자는 '습관'이다. 그 조력자를 어떻게 쓸까를 결정하는 것은 이제 당신의 몫이다.

사람들이 자신의 삶을 돌아볼 때 한 일에 대한 후회보다 해보지 않은 일들에 대한 후회가 훨씬 더 크다고 한다. 습관을 활용해 될 수 있는 대로 많은 것들을 시도하고 경험해보면서 인생을 풍성하게 채워가기 바란다. 나의 이 책이 그런 마음을 먹을 수 있도록 당신을 자극했다면, 그리고 나아가 당신의 고요한 삶에 아주 작은 파문을 일으키는 돌이 되었다면 더할 나위 없는 기쁨이겠다.